Saskia Kistner, Ann Cathrin Mihsler

Stationenlernen in der Grundschule

Märchen, Sagen und Fabeln

Drei fix und fertige Stationsläufe

Verlag an der Ruhr

Impressum

Titel
Stationenlernen in der Grundschule
Märchen, Sagen und Fabeln – Drei fix und fertige Stationsläufe

Autorinnen
Saskia Kistner, Ann Cathrin Mihsler

Umschlagmotive
Wolf (auch auf Schmutztitel) © Axel Nicolai; Rattenfänger © Norbert Höveler;
Flaggen © Jan Engel – Fotolia.com

Illustrationen
Icons/Kapiteldeckblätter Märchen, Sagen; Aufgaben-Icons © Verlag an der Ruhr;
Icon/Kapiteldeckblatt Fabeln © Norbert Höveler; Kapiteldeckblatt Lösungen © Anja Boretzki;
alle anderen siehe Copyrighthinweise

Layout
Melanie Reich, ideenreich

Druck
Heenemann GmbH & Co. KG, Berlin, DE

Verlag an der Ruhr
Mülheim an der Ruhr
www.verlagruhr.de

Geeignet für die Klassen 3–4

Unser Beitrag zum Umweltschutz
Wir sind seit 2008 ein Ökoprofit®-Betrieb und setzen uns damit aktiv für den Umweltschutz ein. Das ÖKOPROFIT®-Projekt unterstützt Betriebe dabei, die Umwelt durch nachhaltiges Wirtschaften zu entlasten. Unsere Produkte sind grundsätzlich auf chlorfrei gebleichtes und nach Umweltschutzstandards zertifiziertes Papier gedruckt.

ISBN 978-3-8346-2730-8

Inhaltsverzeichnis

Vorwort

Liebe Kollegen*,

im Deutschunterricht der Grundschule ist die Arbeit mit literarischen Texten ein wichtiger Bestandteil. Neben der Arbeit mit modernen Texten sollte man es nicht versäumen, die Kinder mit kulturellen Texten wie Märchen, Fabeln und Sagen vertraut zu machen. Im vorliegenden Heft werden alle drei Gattungen getrennt voneinander behandelt, sodass die Materialien je nach Unterrichtsplanung gemeinsam, aber auch separat eingesetzt werden können. Der große Schwerpunkt dieses Stationenlernens ist die Unterschiedlichkeit dieser drei Textgattungen. Die Kinder sollen sich anhand von Merkmalen mit den Texten auseinandersetzen und den Inhalt der Texte intensiv erschließen. Es ist deshalb kein handlungs- und produktionsorientierter Umgang mit den Texten vorgesehen.

Zum Aufbau der Materialien

Bei diesem Stationenlernen wurde auf Auftragskarten verzichtet. Die Aufgaben befinden sich direkt auf den Arbeitsblättern. Differenziert wurde durch tiefergehende bzw. weiterführende Arbeitsaufträge zu den Grundaufgaben, die je nach Bedarf des Schülers bearbeitet bzw. weggelassen werden können. Diese Herangehensweise stellt sicher, dass sich die Kinder inhaltlich mit denselben Texten auf unterschiedlichen Niveaustufen beschäftigen. So kann in gemeinsamen Stunden, beispielsweise in einem Unterrichtsgespräch über die Moral in Fabeln, auf die gleichen Vorkenntnisse der Kinder zurückgegriffen werden. Um die Aufgaben unterscheiden zu können, haben wir zwei unterschiedliche Symbole gewählt:

Grundaufgaben: 

Weiterführende Aufgaben: 

Es wurde darauf geachtet, dass die Lösungen im hinteren Teil des Heftes nur noch kopiert und laminiert werden müssen. So kann man sie den Kindern zur Selbstkontrolle zur Verfügung stellen. Dadurch wird nicht nur die Selbstständigkeit gefördert, sondern der Lehrer auch entlastet.

Wie kann das Material im Unterricht eingesetzt werden?

Das Material ist unserer Meinung nach ab Klasse 3 einsetzbar. Die Arbeitsblätter können in einem Stationenlernen oder einer Lerntheke bearbeitet werden. Dadurch können die Kinder in individuellem Tempo und selbstständig arbeiten. Da es uns nur möglich war, einen Ausschnitt der vorhandenen Literatur in diesen drei Textgattungen zu behandeln, ist es sinnvoll, weitere Literatur im Klassenraum zur Verfügung zu stellen und/oder in gemeinsamen Phasen zu lesen und zu besprechen. Besonders interessant wäre es, wenn man Sagen aus der Region findet. Diese könnten die Kinder jedoch auch bei ihren Verwandten, wie z. B. den Großeltern, recherchieren.

Beim Thema „Fabel“ sollte man auf gemeinsame Phasen auf keinen Fall verzichten. Es fällt den Kindern schwer, die Moral zu erkennen, in Worte zu fassen und auf das eigene Leben zu übertragen. Diese Unterrichtsgespräche fördern auch das soziale Miteinander, indem man die Kinder dazu anhält, Parallelen zu ihrem Leben zu ziehen und durch die überspitzte Darstellung in den Fabeln eigenes Verhalten zu analysieren. Rollenspiele können hier ebenfalls unterstützen und den Wendepunkt gut erkennen lassen.

Insgesamt wird in diesem Stationenlernen wenig eigene kreative Textarbeit gefordert, da sie in unseren Augen ohne Kontrolle und Überarbeitung nicht zielführend ist, was während des Stationenlernens kaum zu leisten ist. Die eigene Textproduktion bietet sich besonders in gemeinsamen Schreibkonferenzen an und ein gemeinsames Märchen-, Fabel- und Sagenbuch ist eine tolle Erinnerung an die Grundschulzeit. Um Kopien zu sparen, kann man die Lesetexte laminiert zur Verfügung stellen.

Wir wünschen Ihnen viele gewinnbringende Stunden mit Ihren Schülern.

Ann Cathrin Mihsler und Saskia Kistner

* Aus Gründen der besseren Lesbarkeit haben wir in diesem Buch durchgehend die männliche Form verwendet. Natürlich sind damit auch immer Frauen und Mädchen gemeint, also Lehrerinnen, Schülerinnen etc.

Arbeitsplan Märchen

Angebot	bearbeitet	
Was sind Märchen?		
Woran du Märchen erkennst		
Die Brüder Grimm		
Aschenputtel – ein Vergleich		
Der süße Brei		
Der Froschkönig		
Des Kaisers neue Kleider		
Die Prinzessin auf der Erbse		
Der Wolf und die sieben Geißlein		
König Drosselbart		

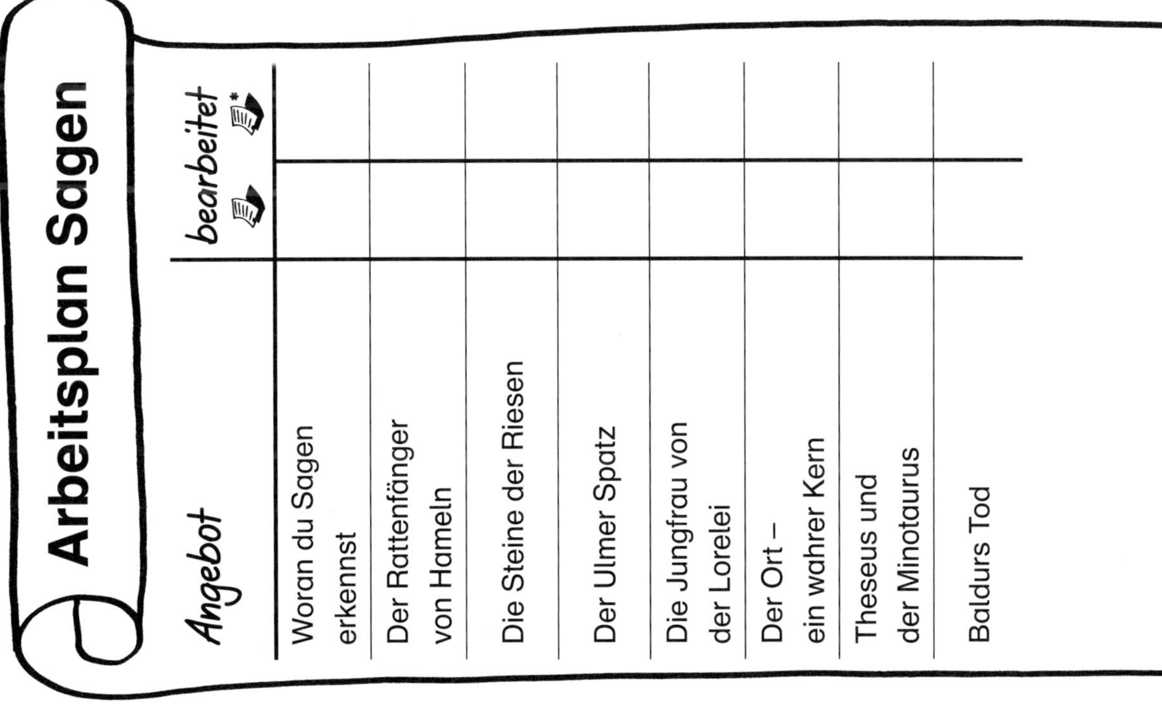

Arbeitsplan Sagen

Angebot	bearbeitet	
Woran du Sagen erkennst		
Der Rattenfänger von Hameln		
Die Steine der Riesen		
Der Ulmer Spatz		
Die Jungfrau von der Lorelei		
Der Ort – ein wahrer Kern		
Theseus und der Minotaurus		
Baldurs Tod		

5

© Verlag an der Ruhr | Autorinnen: Saskia Kistner, Ann Cathrin Mihsler | Abb. Kopfzeile, Fußzeile, Aufgaben-Icons, Papierrolle © Verlag an der Ruhr | ISBN 978-3-8346-2730-8 | www.verlagruhr.de

Märchen, Sagen und Fabeln

Arbeitsplan Fabeln

Angebot	*bearbeitet*	*
Woran du Fabeln erkennst		
Der Rabe und der Fuchs		
Der Adler und der Sperling		
Der Fuchs und der Ziegenbock		
Der Löwe und die Maus		
Warum gibt es eigentlich Fabeln?		
Und die Moral von der Geschicht' …		
Der Löwe und der Bär		
Fabelhafte Eigenschaften		
Von Fröschen und Fischen		
Fuchs, Storch, Grille und Ameise		

Märchen

Was sind Märchen?

 **Lies den Infotext aufmerksam durch.**

 **Unterstreiche im Text die wichtigsten Informationen. Falls du unsicher bist, hilft dir der Drache.**

 **Schreibe die Sätze, in denen du Wörter unterstrichen hast, in dein Heft ab.**

Märchen sind sehr alt, es gibt sie schon seit vielen Jahrhunderten auf der ganzen Welt. Ursprünglich erzählten sich die Erwachsenen in ruhigen Stunden gegenseitig Geschichten. Diese Geschichten wurden immer weitererzählt und gesammelt.
Bekannte Sammler von Märchen sind die Brüder Grimm.

Das Wort „Märchen" stammt vom Begriff „maere" ab. Dies bedeutet „Kunde" oder „Nachricht". Ein Märchen ist auch eine kurze, fantasievolle Erzählung, in der das Wunder vorherrscht.
So können zum Beispiel Tiere, Pflanzen oder Gegenstände sprechen. Zudem gibt es viele wundersame Erscheinungen und Wesen, wie Hexen, Elfen, Feen und Zwerge.

Oft erzählen Märchen von einem Helden, der als gute Kraft gegen das Böse antreten muss. Er hat eine große und schwere Aufgabe zu bewältigen.

Auffällig ist eine sehr deutliche Trennung von Gut und Böse. Am Ende des Märchens siegt dann meist das Gute, es wird belohnt. Das Böse aber wird bestraft. Obwohl alles erfunden und mit viel Fantasie ausgeschmückt ist, kann man sein eigenes Leben in manchen der Märchenkonflikte wiedererkennen: Viele Jungen sind zuerst einmal Angeber wie das „Tapfere Schneiderlein" und müssen dann noch beweisen, was in ihnen steckt.

Märchen werden im Allgemeinen unterschieden in Volksmärchen und Kunstmärchen.
Die Volksmärchen sind sehr alte, mündlich überlieferte Geschichten, die erst viel später aufgeschrieben wurden. Die Erfinder sind unbekannt.
Bei den Kunstmärchen hingegen sind die Verfasser bekannt, wie zum Beispiel Hans Christian Andersen, der die „Prinzessin auf der Erbse" oder „Die kleine Meerjungfrau" geschrieben hat.

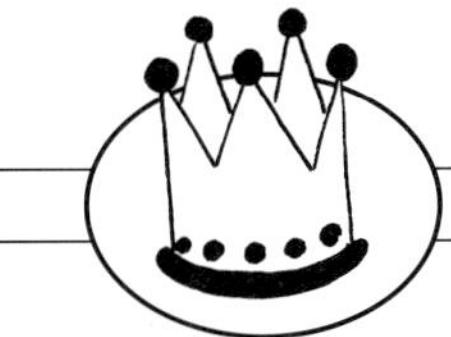

Woran du Märchen erkennst (1/2)

 **Lies dir die Merkmale aufmerksam durch. Nicht jedes Merkmal kommt in jedem Märchen vor.**

 **Überlege dir ein Märchen, auf das mehrere Merkmale passen, und fülle den Steckbrief zu den Merkmalen aus.**

 **Erfinde ein eigenes Märchen. Fülle zuerst den Steckbrief mit deinen Ideen aus und schreibe dann dein Märchen in dein Heft.**

- Märchen werden in der Vergangenheit erzählt
- Märchen enthalten nichts Wirkliches, dafür aber einiges Wunderbares
- häufige Anfangs- und Schlusssätze, z. B.:
  „Es war einmal …“, „Und sie lebten glücklich bis an ihr Lebensende.“
- besondere Verse und Zaubersprüche, z. B.:
  „Knusper, knusper, Knäuschen, wer knuspert an meinem Häuschen?“
- erfundene Wesen, z. B.: Hexe, Fee, Zwerg, Drache …
- Tiere kommen oft vor, sie unterscheiden sich in gute Tiere (wie das Pferd) und böse Tiere (wie der Wolf)
- besondere Orte, z. B.:
  In einem tiefen Wald, in einem prächtigen Schloss …
- ein wichtiger Gegenstand, z. B.:
  goldener Ring, Zauberspiegel, magisches Tor
- magische Zahlen, z. B.:
  3, 7 oder 12
- das Gute besiegt meist das Böse, das Märchen endet glücklich

Woran du Märchen erkennst (2/2)

Merkmal-Steckbrief

Titel des Märchens: ....

Autor: ....

Anfangssatz: ....

....

....

Schlusssatz: ....

....

....

Verse/Zauberspruch: ....

....

....

erfundene Wesen: ....

....

....

Tiere: ....

....

Orte: ....

....

....

besonderer Gegenstand: ....

....

magische Zahl: ....

Das Gute besiegt das Böse O Ja O Nein

Die Brüder Grimm

 **Lies den Infotext.**

Brüder-Grimm-Denkmal in Hanau

Die Brüder Grimm sind die bekanntesten Märchensammler aus Deutschland. Im Laufe der Jahre schrieben sie über 200 Märchen auf. So entstand ihre berühmte Märchensammlung „Kinder- und Hausmärchen“.

Geboren wurden die beiden Brüder in Hanau. Jacob, der ältere der beiden, wurde im Jahr 1785 geboren. Sein Bruder Wilhelm kam ein Jahr später zur Welt. Sie wuchsen in Steinach (Bundesland Hessen) auf. Später wurden sie zu ihrer Tante nach Kassel geschickt, um dort auf das Gymnasium zu gehen. Die Brüder studierten in Marburg an der Universität und arbeiteten später beide als Bibliothekare, allerdings in unterschiedlichen Städten. So entstand das große Interesse an alten Schriften, besonders aus dem Mittelalter. Sie wollten gemeinsam ein Märchenbuch herausgeben. Da es damals die meisten Märchen nur als mündlich überlieferte Geschichten, aber nicht als geschriebenen Text gab, bedeutete dies, dass die beiden Brüder sich Märchen erzählen lassen und diese aufschreiben mussten. Zunächst waren die Bücher nicht sehr beliebt und wurden wenig gelesen. Erst später wurde ein kleiner Band der „Kinder- und Hausmärchen“ (erschienen 1825) zu einem großen Erfolg. Heute gehören die Grimmschen Märchen neben der Bibel zu den meistgelesenen Büchern der Welt.

Wie hießen die Brüder mit Vornamen und wann wurden sie geboren (Jahreszahl)?

....

....

Wie heißt ihre berühmte Märchensammlung?

....

* **Die Brüder Grimm sind eigentlich nicht die Erfinder dieser Märchen. Warum?**

....

....

Aschenputtel – ein Vergleich (a)

 **Lies die zwei unterschiedlichen Versionen von Aschenputtel aus Deutschland und Spanien / Portugal durch.**

 **Fülle die Tabelle aus.**

	Deutschland	Spanien / Portugal
Personen	....	....
Aufgaben für Aschenputtel	....	....
Hilfe für Aschenputtel	....	....
Dinge mit Zauberkraft	....	....
Ende des Märchens	....	....

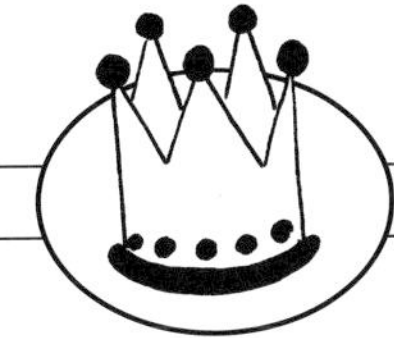

Aschenputtel – ein Vergleich (b)

 **Lies die drei unterschiedlichen Versionen von Aschenputtel aus Deutschland, Italien und Spanien/Portugal durch.**

 **Fülle die Tabelle aus.**

	Deutschland	Italien	Spanien/Portugal
Personen			
Aufgaben für Aschenputtel			
Hilfe für Aschenputtel			
Dinge mit Zauberkraft			
Ende des Märchens			

Aschenputtel – aus Deutschland

Es war einmal ein reicher Mann, dessen Frau sehr krank war. Bevor sie starb, sagte sie zu ihrer Tochter: „Pflanz auf mein Grab ein Bäumchen. Wenn du in Not bist, schüttle es.“ Als der Vater wieder heiratete, bekam das Mädchen eine böse Stiefmutter und zwei gemeine Stiefschwestern. Sie nahmen ihm die schönsten Kleider weg und ließen es alle Arbeiten im Haus verrichten wie eine Dienerin. So musste es die Böden fegen und die Asche aus dem Kamin kehren. Die Asche setzte sich in ihren Kleidern fest. Alle lachten sie aus und nannten sie Aschenputtel.

Der Sohn des Königs sollte bald heiraten, doch keine der Frauen gefiel ihm. Deshalb veranstaltete das Königspaar einen Ball und lud alle Mädchen des Landes dazu ein. Auch die drei Töchter bekamen eine Einladung. „Du bleibst hier, Aschenputtel“, befahl die Stiefmutter, „und suchst aus dieser Schüssel die schlechten Linsen heraus. Wehe du bist nicht fertig, wenn wir wiederkommen.“ Kaum war die Kutsche abgefahren, flatterten Tauben zum Fenster herein und gurrten: „Die schlechten ins Kröpfchen, die guten ins Töpfchen.“ Schnell erledigten die Tauben die Aufgabe. Die Tauben riefen: „Zieh dich schön an und reite zum Fest!“ Da ging Aschenputtel zum Grab seiner Mutter und sagte: *„Bäumchen rüttle dich, schüttle dich, wirf schöne Kleider über mich.“* Plötzlich fiel ein goldenes Kleid herab und Aschenputtel konnte zum Fest gehen. Sie sah so wunderschön aus, dass der Prinz nur mit ihr tanzte. Bevor das Fest zu Ende war, lief Aschenputtel rasch nach Hause und schlüpfte in ihr Bett. Dabei verlor sie einen seiner Schuhe. Der Prinz war verzweifelt und suchte im ganzen Land nach dem Mädchen, das er heiraten wollte. Jede Frau musste den Schuh anprobieren.

Als er zu Aschenputtels Haus kam, versteckte die Stiefmutter Aschenputtel. „Hack dir die Ferse ab, damit du in den Schuh passt“, sagte die Frau zu ihrer älteren Tochter. Aber als das Mädchen den Schuh anprobierte, gurrten die Tauben: *„Rucke di ruh, Blut ist im Schuh, der Schuh ist zu klein, die rechte Braut ist noch daheim.“* Aber auch der jüngeren Tochter passte der Schuh nicht und so mussten sie nun auch Aschenputtel aus ihrem Versteck holen. Der Schuh passte wie angegossen und die Tauben riefen: *„Rucke di ruh, kein Blut im Schuh. Der Schuh ist nicht zu klein, die rechte Braut, die führt er heim.“* So nahm der Prinz Aschenputtel als seine Braut mit auf sein Schloss. Die Stiefschwestern wollten sich bei der Prinzessin einschmeicheln und an ihrem Glück teilhaben. Die Tauben aber pickten ihnen in die Augen, so dass sie blind wurden.

(nach den Brüdern Grimm)

Aschenputtel – aus Spanien und Portugal

Eine Frau hatte eine Tochter und eine Stieftochter. Die Stieftochter wurde von ihr sehr schlecht behandelt. Eines Tages ließen sie sie zu Hause mit einem Sack Hirse und einem mit weißen kleinen Bohnen, um sie auszuhülsen. Sie begann bitterlich zu weinen und wusste nicht, wie sie das schaffen sollte. Da kam eine Heilige und verrichtete die Arbeit für das Mädchen. Die Heilige gab ihm eine Mandel. Als das Mädchen sie aufbrach, fand es darin ein goldenes Kleid, das es anzog und mit dem es in die Messe lief. Bevor die Messe zu Ende war, kehrte es schnell nach Hause zurück, damit die Stiefmutter und Stiefschwester das Kleid nicht entdeckten. Der Königssohn, der auch in der Kirche war, wurde von der Schönheit des Mädchens verzaubert. Aber niemand konnte ihm verraten, wer es war.

Auch die Stiefmutter und die Schwester waren beeindruckt und erzählten später zu Hause: „Ach, wärst du mit uns in der Messe gewesen, was für eine wunderschöne Dame hättest du dort gesehen!“ Das Mädchen entgegnete: *„Vielleicht wohl, vielleicht auch nicht, vielleicht war ich's selbst.“* Sie riefen darauf: *„Schweig, schweig, Aschenputtel, Feuerfächer!“*
Am nächsten Tag befahlen sie ihm, einen Sack Reis zu reinigen, und gingen auf einen Ball. Das Mädchen begann wieder zu weinen. Erneut kam die Heilige, übernahm die Arbeit und gab ihm eine Nuss. Das Mädchen fand darin ein Kleid mit Glöckchen und ging auf den Ball. Der Königssohn tanzte nur mit dem Mädchen. Auch den Ball verließ es, bevor er zu Ende war, um von der Stiefmutter nicht überrascht zu werden. Zu Hause sagten die Stiefmutter und die Stiefschwester: „Ach, wärst du mit uns gewesen, was für eine schöne Dame hättest du da gesehen!“ Das Mädchen antwortete: *„Vielleicht wohl, vielleicht auch nicht, vielleicht war ich's selbst.“* Worauf sie riefen: *„Schweig, schweig, Aschenputtel, Feuerfächer!“* In der Eile hatte das Mädchen eines seiner Schühchen auf dem Schloss verloren. Der Königssohn hob den Schuh auf und ließ verkünden: „Alle Mädchen mögen dieses Schühchen anprobieren, damit ich erfahre, welchem es gehört.“ So kam der Königssohn zu Aschenputtels Haus. Seine Schwester probierte das Schühchen. Es war jedoch so klein, dass sie den Fuß nicht hineinbringen konnte. Der Prinz fragte nach dem anderen Mädchen im Haus, aber die Stiefmutter sagte, es sei unnötig, dem Aschenputtel den Schuh anzuprobieren. Da aber erschien es in dem Kleid mit den Glöckchen, der Prinz erkannte es und vermählte sich mit Aschenputtel.

Aschenputtel – aus Italien (1/2)

Es waren einmal ein Mann und eine Frau, die hatten zwei Töchter, eine schöner als die andere. Eine von ihnen hielt sich immer beim Herd auf, darum nannte man sie das Aschenbrödel. Ihre Mutter mochte sie nicht und schickte sie jeden Morgen mit ein paar Enten hinaus und gab ihr ein Pfund Hanf zum Spinnen mit.

Als sie mit den Enten zu einem Graben kam, sagte sie zu ihnen: „Enten, Enten, geht zum Trinken. Ist es trüb, sollt ihr nicht trinken. Ist es helle, trinkt und schnelle!“ Plötzlich erschien eine Alte. „Was tust du hier?“, sagte die Alte. Als das Mädchen erzählt hatte, fragte die Alte: „Warum lässt man immer nur dich all das tun?“ „Meine Mutter will es so“, antwortete das Mädchen. Da schenkte die Alte ihm einen Kamm und Aschenbrödel kämmte sich, zuerst auf einer Seite. Während es das tat, rollten ihm aus den Haaren Körner in Mengen und die Enten fraßen sich satt. Dann kämmte es sich auf der anderen Seite und da rollten Brillanten und Rubinen herunter. Die Alte gab ihm eine Schachtel und bat es, die Edelsteine gut zu verstecken. Dann tat die Alte einen Schlag mit einer Gerte und sagte: „Ich befehle, der Hanf soll gesponnen sein!“, und im Handumdrehen war's geschehen. Die Alte versprach: „Komm jeden Morgen wieder hierher, du wirst mich finden.“ Aschenbrödel ging nach Hause und erzählte nichts. Jeden Morgen ging es wieder zu jenem Ort, fand dort die Alte, die ihm den Hanf spann, und kämmte sich. Eines Morgens sagte die Alte: „Heute Abend gibt der Prinz einen Ball und hat deine Familie eingeladen. Dich werden sie fragen, ob du mitkommen willst. Lehne ab. Nimm dies Vögelchen mit und wenn die Anderen fortgegangen sind, sprich zu ihm: ‚*Vöglein, Vöglein, her und hin, mach mich schöner, als ich bin!*‘ Dann wirst du ein Ballkleid tragen. Und nimm auch diese Gerte, tu einen Schlag damit und ein Wagen wird erscheinen, der dich zum Ball fährt. Der Sohn des Königs wird mit dir tanzen. Bevor das Fest zu Ende ist, lass den Wagen kommen und fahre weg, damit niemand sieht, wohin du fährst. Zuhause kehre zu deinem Vogel zurück und sprich: ‚*Vöglein, Vöglein, her und hin, mach mich garstiger, als ich bin!*‘ Und du wirst wieder werden wie vorher.“

Genau so geschah es. Als der Sohn des Königs mit Aschenbrödel tanzte, verliebte er sich in es. Aber bevor das Fest endete, stieg es in den Wagen und fuhr unerkannt davon. Der Prinz wusste nicht weiter und lud sofort erneut zu einem Fest, in der Hoffnung, das Mädchen wiederzusehen.

Zuhause zog seine Familie Aschenbrödel damit auf, wie schön das Fest gewesen sei, und erzählte, dass am morgigen Abend erneut ein Ball stattfinden würde.

 ISBN 978-3-8346-2730-8 | www.verlagruhr.de

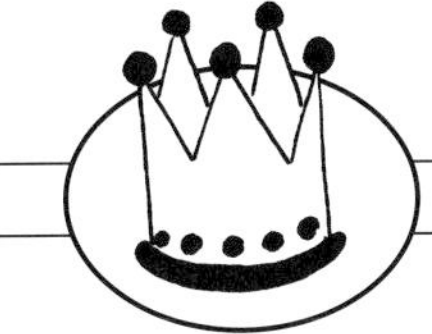

Aschenputtel – aus Italien (2/2)

Am nächsten Morgen ermahnte es die Alte: „Geh heute Abend erneut zum Ball. Aber gib Acht! Der Prinz wird dich verfolgen lassen. Wenn du in der Kutsche sitzt, tu einen Schlag mit der Gerte und befiehl: ‚Geld!' Das Geld nimm dann und wirf es aus dem Wagen. Leute werden stehenbleiben und es aufsammeln. So kannst du flüchten."

Wieder geschah alles so, wie die Alte es vorhergesagt hatte. Der Sohn des Königs war hocherfreut und tanzte wieder nur mit Aschenbrödel. Durch seine List konnten die Diener ihm nicht folgen.
Wieder war der Prinz verzweifelt und beschloss, am nächsten Tag wieder einen Ball zu geben. Als es heimkam, sagte die Mutter zu Aschenbrödel, morgen werde wieder ein Fest stattfinden. Aschenbrödel aber stellte sich gleichgültig.

Am nächsten Tag erzählte ihm die Alte: „Dieses Mal sollst du bei deiner Flucht neben dem Geld auch einen Schuh hinauswerfen. Die Diener werden aber trotzdem entdecken, wohin du fährst." Das Vögelchen brachte ihm abends ein prächtiges Kleid mit lauter goldenen Glöckchen und für die Füße goldene Schuhe. Der Prinz tanzte wieder nur mit ihm und verliebte sich immer mehr. Als es sich in den Wagen setzte, eilten ihm die Diener nach. Es aber warf einen Schuh hinaus und das Geld. Die Diener aber achteten nicht auf das Geld. Sie hatten den Auftrag, unbedingt herauszufinden, wo die Dame wohnte, sonst drohte der Königssohn ihnen mit dem Tod. Einer hob den Schuh auf. Die anderen beobachteten, wo der Wagen anhielt. Sie berichteten dem Prinzen und brachten ihm den Schuh. Am anderen Morgen ging das Mädchen mit den Enten hinaus, traf die Alte und diese sprach: „Beeile dich, denn der Königssohn wird kommen, dich zu holen."

Als der Königssohn kam, rief Aschenbrödel zum Vögelchen: *„Vöglein, Vöglein, her und hin, mach mich schöner, als ich bin!"* Sofort erschienen wieder das Kleid mit den goldenen Glöckchen und ein einzelner goldener Schuh.

Indessen zeigte der Vater seine Lieblingstochter. Diese aber war nicht die Gesuchte und so fragte der Königssohn: „Habt ihr nicht noch eine andere Tochter?" „Ja, Majestät, ich habe noch eine, aber ich schäme mich, sie ist voll Asche", antwortete der Vater. Der Prinz bestand darauf, sie zu sehen.

Da rief sie der Vater. Aschenbrödel erschien und bei jedem Schritt erklangen die Glöckchen. Von diesem wunderschönen Anblick waren alle sprachlos. Der Königssohn jubelte: „Das ist die, die ich suche, und nichts fehlt ihr als ein goldener Schuh. Lasst sehen, ob es dieser vielleicht ist." Der Schuh passte und Aschenbrödel ging mit seinem Vögelchen und den Edelsteinen auf das Schloss, um den Prinzen zu heiraten.
Sie feierten eine prächtige Hochzeit und Vater, Mutter und Schwester beschenkte es reich und behandelte sie so, als wären sie immer gut zu ihm gewesen.

© Verlag an der Ruhr | ISBN 978-3-8346-2730-8 | www.verlagruhr.de

Der süße Brei (1/2)

 **Lies das Märchen.**

Es war einmal ein armes und anständiges Mädchen, das mit seiner Mutter in einem alten, kleinen Haus lebte. Die beiden mussten oft Hunger leiden, denn sie hatten nur sehr wenig Geld. Als es wieder einmal nichts mehr zu essen gab, ging das Mädchen mit knurrendem Magen hinaus in den Wald. Dort traf es auf eine alte Frau, die die Sorgen und Nöte des Mädchens kannte. Deshalb schenkte die alte Frau ihm ein besonderes Töpfchen. Zu diesem sollte es sagen: *„Töpfchen, koche!"*, dann würde es guten, süßen Hirsebrei kochen. So könnten Mutter und Tochter essen, bis sie satt wären. Danach sollte sie sagen: *„Töpfchen, stehe!"*, so würde es wieder aufhören, zu kochen.

Eilig ging das Mädchen zurück zu seiner Mutter und erzählte von der Begegnung mit der alten Frau. Vom Hunger geplagt, probierten sie das Töpfchen gleich aus. Und es funktionierte tatsächlich! Sie konnten süßen Hirsebrei essen – so oft und so viel sie wollten. So hatte das Hungern endlich ein Ende. Eines Tages jedoch ging das Mädchen ins Dorf. Die Mutter blieb zurück und hatte schon bald großen Hunger. Sie wollte nicht auf ihre Tochter warten und sagte: *„Töpfchen, koche!"* Schon bildete sich der leckere Brei in dem Töpfchen und die Mutter aß sich satt.

Als sie genug Brei im Bauch hatte, öffnete die Mutter den Mund, um den Spruch zu sagen, damit das Töpfchen wieder aufhörte, zu kochen. Doch sie konnte sich nicht an die Worte erinnern. Also kochte das Töpfchen weiter und der Brei stieg über den Rand hinaus. Schon bald waren die Küche und das ganze Haus voller Brei. Dann lief der Brei aus den Fenstern auf die Straße, ganz so, als wollte das Töpfchen die ganze Welt satt machen. Es kochte und kochte. Die ganze Stadt war voll mit Brei. Endlich kam die Tochter nach Hause und sprach: *„Töpfchen, stehe!"* Da blieb es stehen und hörte auf, zu kochen.

Und wer in die Stadt wollte, der musste sich durchessen.

(nach den Brüdern Grimm)

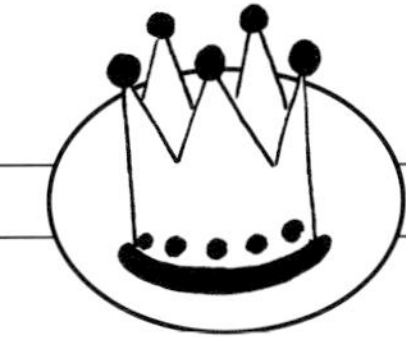

Der süße Brei (2/2)

Es haben sich einige Fehler in das Märchen geschlichen. Finde die 20 Unterschiede und unterstreiche sie.

Es war einst ein armes und braves Mädchen, das mit seiner Tante in einem alten, kleinen Haus lebte. Die beiden mussten oft Bauchweh leiden, denn sie hatten nur sehr wenig zu essen. Als es wieder einmal nichts mehr zu essen gab, ging das Mädchen mit knurrendem Magen hinaus in den Park. Dort traf es auf eine alte Frau, die die Sorgen und Nöte des Mädchens kannte. Deshalb schenkte die alte Frau ihm ein magisches Töpfchen. Zu diesem sollte es sagen: *„Töpfchen, koche!"*, dann würde es guten, süßen Reisbrei kochen. So könnten Mutter und Tochter essen, bis sie satt wären. Danach sollte sie sagen: *„Töpfchen, stehe!"*, so würde es wieder aufhören, zu kochen.

Eilig ging das Mädchen zurück zu seiner Mutter und erzählte von der Begegnung mit der alten Hexe. Vom Hunger geplagt, probierten sie das Töpfchen später aus. Und es funktionierte nicht! Sie konnten süßen Hirsebrei essen – so oft und so viel sie konnten. So hatte das Hungern endlich ein Ende. Eines Tages jedoch ging das Kind ins Dorf. Die Mutter blieb zurück und hatte schon bald mächtigen Hunger. Sie wollte nicht auf ihre Tochter warten und sagte: *„Töpfchen, spucke!"* Schon bildete sich der leckere Brei in dem Töpfchen und die Mutter aß sich satt.

Als sie genug Brei im Bauch hatte, öffnete die Mutter den Schnabel, um den Spruch zu sagen, damit das Töpfchen wieder aufhörte, zu kochen. Doch sie konnte sich nicht an die Worte erinnern. Also kochte das Töpfchen weiter und der Brei stieg über den Rand hinaus. Schon bald waren die Küche und das ganze Haus voller Brei. Dann lief der Brei aus den Löchern auf die Straße, ganz so, als wollte das Töpfchen die ganze Welt hungrig machen. Es kochte und brodelte. Die ganze Stadt war voll mit Brei. Endlich kam die Tochter nach Hause und sagte: *„Töpfchen, stehe!"* Da blieb es stehen und hörte auf, zu kochen.

Und wer in die Stadt wollte, der musste sich durchessen.

(nach den Brüdern Grimm)

Der Froschkönig (1/2)

 **Lies das Märchen.**

Es lebte einmal ein König mit seinen Kindern in einem Schloss. Nahe dem Schloss war ein großer, dunkler Wald und mitten darin stand ein Brunnen. Oft ging die jüngste Prinzessin hinaus in den Wald und setzte sich an den Rand des verwunschenen Brunnens. Ihr liebstes Spiel war es, eine goldene Kugel in die Höhe zu werfen und wieder aufzufangen. Nun trug es sich einmal zu, dass die goldene Kugel in den Brunnen fiel.

Da fing die Prinzessin an zu weinen und weinte immer lauter und konnte sich gar nicht beruhigen. Als sie so schluchzte, hörte sie eine Stimme: „Was hast du nur, Königstochter?“ Da erblickte sie einen dicken und hässlichen Frosch. „Ich weine, weil mir meine goldene Kugel in den Brunnen gefallen ist“, sagte sie. „Sei still und weine nicht“, antwortete der Frosch, „ich kann dir helfen. Was bekomme ich dafür?“ „Alles, was du willst“, sagte sie, „meine Kleider, meine Perlen und Edelsteine, auch noch die goldene Krone, die ich trage.“ Der Frosch antwortete: „All das bedeutet mir nichts. Aber ich will alles mit dir teilen, von deinem Tellerchen essen, in deinem Bettchen schlafen und immer bei dir sein.“ „Ich verspreche dir alles, was du willst, wenn du mir nur die Kugel wiederbringst.“ Sie dachte aber: „Der einfältige Frosch mag denken, was er will, er kann doch keines Menschen Freund sein.“

Nach diesem Versprechen tauchte der Frosch in den Brunnen hinab und kam mit der Kugel im Maul wieder hervor. Die Königstochter war voller Freude und lief mit ihrem Spielzeug davon. „Warte!“, rief der Frosch kläglich. „Nimm mich mit, ich kann nicht so schnell laufen wie du!“ Sie hörte nicht darauf, eilte nach Hause und hatte den Frosch bald vergessen. Am darauffolgenden Tag saß der König mit seinem Gefolge bei Tisch, als sie – „plitsch, platsch“ – etwas die Marmortreppe heraufhüpfen hörten. Es klopfte an der Tür: „Königstochter, jüngste, mach mir auf.“ Als die Prinzessin aufmachte, saß der Frosch vor der Tür. Da warf sie die Tür hastig zu. Der König sah die Not seines Kindes und sprach: „Was fürchtest du dich? Steht etwa ein Riese vor der Tür und will dich holen?“ „Nein“, antwortete es, „es ist ein garstiger Frosch. Ach, lieber Vater, als ich gestern am Brunnen spielte, fiel meine goldene Kugel hinein. Der Frosch holte sie mir heraus. Als Gegenleistung versprach ich ihm, er sollte mein Spielgefährte werden.“ Da sagte der König: „Was du versprochen hast, das musst du auch halten! Lass ihn ein!“

Die Prinzessin öffnete die Tür. Da hüpfte der Frosch herein, setzte sich neben sie und rief: „Hol mich hinauf zu dir!“ Sie zögerte, bis es der König befahl. „Wir wollen vom gleichen Tellerchen essen“, bestimmte der Frosch. Der Prinzessin blieb fast jeder Bissen im Halse stecken.

Satt und müde wollte der Frosch nun ins Bettchen der Prinzessin. Die Königstochter fürchtete sich vor dem kalten Frosch, der nun in ihrem schönen, sauberen Bettchen schlafen sollte. Der König aber wurde sehr zornig: „Wer dir geholfen hat, als du in Not warst, den sollst du hernach nicht verachten!“ Da trug sie den Frosch hinauf und setzte ihn in ihrer Kammer in eine Ecke.

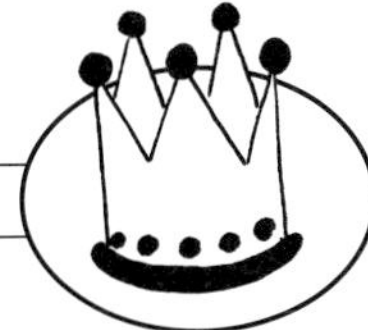

Der Froschkönig (2/2)

Als sie aber im Bett lag, kam er angekrochen: „Ich will bei dir schlafen. Heb mich hinauf oder ich sag es deinem Vater!“
Da wurde sie böse, packte ihn und warf ihn gegen die Wand.

Als er aber herabfiel, war er kein Frosch mehr, sondern ein schöner Königssohn. Der wurde nun nach ihres Vaters Willen ihr Gemahl.
Er erzählte ihr, er wäre von einer bösen Hexe verwünscht worden und nur sie konnte ihn erlösen. Sie lebten glücklich bis an ihr Lebensende.

(nach den Brüdern Grimm)

Stelle dir vor, was passieren würde, wenn der Frosch sich nicht in einen Prinzen verwandeln würde, sondern die Prinzessin in einen Frosch.
Erfinde ein neues Ende für das Märchen ab dem Frosch.

neues Ende:

....

....

....

....

....

....

....

....

....

....

....

....

....

....

....

Des Kaisers neue Kleider (1/2)

 **Lies das Märchen.**

Vor vielen Jahren lebte ein Kaiser. Er gab all sein Geld für neue Kleider aus und kümmerte sich sonst um nichts.

Eines Tages kamen zwei Weber in die Stadt. Diese sagten, sie können den allerschönsten Stoff der Welt weben. Dieser sei so besonders, dass ihn nur kluge Menschen sehen könnten. Da dachte sich der Kaiser: „Ich könnte die Klugen von den Dummen unterscheiden und so nur Kluge in meinen Dienst nehmen.“ Die Weber bekamen einen Raum am Hof und taten so, als ob sie arbeiten würden. Doch auf den Webstühlen war nicht das Geringste zu sehen. Der Kaiser war aufgeregt und neugierig, also schickte er seinen klugen Minister, damit er den Fortschritt begutachten konnte. Der Minister stellte erschrocken fest, dass er auf den Webstühlen nichts erblicken konnte. Aber da er nicht als dumm angesehen werden wollte, ließ er sich nichts anmerken und erzählte dem Kaiser, dass die Muster und Farben wunderbar anzusehen seien.

Bald verkündeten die Weber, ihre schwere Arbeit sei getan. Sie taten, als ob sie den Stoff aus dem Webstuhl nähmen, schnitten mit großen Scheren in der Luft, nähten mit Nadeln ohne Faden und sagten zuletzt: „Seht her, nun sind die Kleider fertig. Wunderschön und leicht wie Spinnwebe, wollt ihr sie gleich anziehen?“ Der Kaiser legte seine Kleider ab und die Betrüger taten so, als würden sie ihm jedes Stück anziehen. Der Kaiser wendete und drehte sich vor dem Spiegel: „Ei, wie herrlich die neuen Kleider sitzen!“ Die Kammerherren griffen nun mit den Händen zum Fußboden und taten so, als ob sie die Schleppe aufhöben, denn sie wagten nicht, sich etwas anmerken zu lassen.

So ging der Kaiser dann hinaus und alle Menschen auf der Straße und in den Fenstern sprachen: „Des Kaisers neue Kleider sind wirklich unvergleichlich!“ Keiner wollte zugeben, dass er nichts sah. Denn jeder hatte Angst davor, als Taugenichts in seinem Amte oder als Dummkopf dazustehen. „Aber er hat ja gar nichts an!“, rief endlich ein kleines Kind. Da fingen alle an zu flüstern und plötzlich rief das ganze Volk: „Aber er trägt ja gar nichts!“ Der Kaiser erschrak zutiefst, denn er spürte, dass es die Wahrheit sein musste. Er dachte sich: „Ich muss meine Würde bewahren.“ Und so hielt er durch, bis er wieder an sein Schloss gelangte.

(nach Hans Christian Andersen)

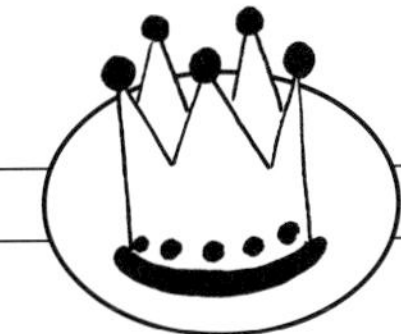

Des Kaisers neue Kleider (2/2)

Man könnte die Weber als Betrüger bezeichnen. Warum?

....

....

....

....

....

Warum trauen sich alle Angestellten des Königs nicht, zu sagen, dass sie den Stoff nicht sehen können?

....

....

....

....

....

Warum sagt nur das Kind die Wahrheit?

....

....

....

....

....

Was glaubst du, wie hättest du reagiert?

....

....

....

....

....

Die Prinzessin auf der Erbse (a)

 **Lies das Märchen.**

 **Erzähle die Geschichte in deinen eigenen Worten in deinem Heft. Schaffst du es in nur 10 Sätzen?**

Es war einmal ein Prinz, der heiraten wollte. Aber seine Braut sollte eine richtige Prinzessin sein. So reiste er in der ganzen Welt umher, um eine solche zu suchen. Aber nie gelang es ihm, herauszufinden, ob er eine wirkliche Prinzessin vor sich hatte. Immer war etwas, das nicht ganz in Ordnung schien. So kehrte er traurig wieder auf sein Schloss zurück. Eines Abends zog ein furchtbares Unwetter auf. Es blitzte und donnerte und es regnete in Strömen. Da klopfte es zaghaft am Schlosstor. Es stand eine Prinzessin davor, die von dem Gewitter überrascht worden war. Das Wasser lief ihr aus den Haaren und Kleidern. Sie sah gar nicht königlich aus, doch sie bestand darauf, eine wirkliche Prinzessin zu sein. „Das lässt sich herausfinden“, dachte die alte Königin. Sie befahl, eine Schlafkammer herzurichten, und legte eine Erbse auf den Boden der Bettstelle. Darüber platzierte sie zwanzig Matratzen und dazu noch zwanzig Daunendecken. Hier sollte die Prinzessin nun die ganze Nacht über ruhen. Und so geschah es.

Am nächsten Morgen fragte sie die Königin, ob sie gut geschlafen hätte. „Oh, furchtbar schlecht!“, antwortete die Prinzessin. „Ich habe fast die ganze Nacht kein Auge zugetan! Ich habe auf etwas ausgesprochen Hartem gelegen, sodass ich am ganzen Körper mit gelben und blauen Flecken übersät bin. Das muss ja entsetzlich aussehen!“ Nun war die Königin fest überzeugt, dass sie eine wirkliche Prinzessin war. So empfindsam konnte nur jemand von königlichem Blut sein. Ein solch kleines Ding wie eine Erbse durch zwanzig Matratzen und zwanzig Decken hindurch zu spüren, war wahrlich eine Gabe. So nahm der Prinz die echte Prinzessin zur Frau, denn niemand wagte es, die Worte der alten Königin anzuzweifeln. Die Erbse wurde in der Kunstkammer ausgestellt, wo sie auch heute noch zu sehen ist, wenn sie niemand gestohlen hat.

(nach Hans Christian Andersen)

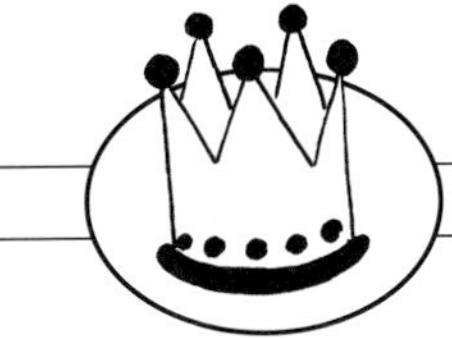

Die Prinzessin auf der Erbse (b)

 **Die Buchstaben in diesem Märchen sind nicht immer ganz zu sehen. Kannst du es trotzdem lesen?**

 **Erzähle die Geschichte in deinen eigenen Worten in deinem Heft. Schaffst du es in nur 10 Sätzen?**

ES WAR EINMAL EIN PRINZ, DER HEIRATEN WOLLTE. ABER SEINE BRAUT SOLLTE EINE RICHTIGE PRINZESSIN SEIN. SO REISTE ER IN DER GANZEN WELT UMHER, UM EINE SOLCHE ZU SUCHEN. ABER NIE GELANG ES IHM, HERAUSZUFINDEN, OB ER EINE WIRKLICHE PRINZESSIN VOR SICH HATTE. IMMER WAR ETWAS, DAS NICHT GANZ IN ORDNUNG SCHIEN. SO KEHRTE ER TRAURIG WIEDER AUF SEIN SCHLOSS ZURÜCK. EINES ABENDS ZOG EIN FURCHTBARES UNWETTER AUF. ES BLITZTE UND DONNERTE UND ES REGNETE IN STRÖMEN. DA KLOPFTE ES ZAGHAFT AM SCHLOSSTOR. ES STAND EINE PRINZESSIN DAVOR, DIE VON DEM GEWITTER ÜBERRASCHT WORDEN WAR. DAS WASSER LIEF IHR AUS DEN HAAREN UND KLEIDERN. SIE SAH GAR NICHT KÖNIGLICH AUS, DOCH SIE BESTAND DARAUF, EINE WIRKLICHE PRINZESSIN ZU SEIN. „DAS LÄSST SICH HERAUSFINDEN", DACHTE DIE ALTE KÖNIGIN. SIE BEFAHL, EINE SCHLAFKAMMER HERZURICHTEN, UND LEGTE EINE ERBSE AUF DEN BODEN DER BETTSTELLE. DARÜBER PLATZIERTE SIE ZWANZIG MATRATZEN UND DAZU NOCH ZWANZIG DAUNENDECKEN. HIER SOLLTE DIE PRINZESSIN NUN DIE GANZE NACHT ÜBER RUHEN. UND SO GESCHAH ES. AM NÄCHSTEN MORGEN FRAGTE SIE DIE KÖNIGIN, OB SIE GUT GESCHLAFEN HATTE. „OH, FURCHTBAR SCHLECHT!", ANTWORTETE DIE PRINZESSIN. „ICH HABE FAST DIE GANZE NACHT KEIN AUGE ZUGETAN! ICH HABE AUF ETWAS AUSGESPROCHEN HARTEM GELEGEN, SODASS ICH AM GANZEN KÖRPER MIT GELBEN UND BLAUEN FLECKEN ÜBERSÄT BIN. DAS MUSS JA ENTSETZLICH AUSSEHEN!" NUN WAR DIE KÖNIGIN FEST ÜBERZEUGT, DASS SIE EINE WIRKLICHE PRINZESSIN WAR. SO EMPFINDSAM KONNTE NUR JEMAND VON KÖNIGLICHEM BLUT SEIN. EIN SOLCH KLEINES DING WIE EINE ERBSE DURCH ZWANZIG MATRATZEN UND ZWANZIG DECKEN HINDURCH ZU SPÜREN, WAR WAHRLICH EINE GABE. SO NAHM DER PRINZ DIE ECHTE PRINZESSIN ZUR FRAU, DENN NIEMAND WAGTE ES, DIE WORTE DER ALTEN KÖNIGIN ANZUZWEIFELN. DIE ERBSE WURDE IN DER KUNSTKAMMER AUSGESTELLT, WO SIE AUCH HEUTE NOCH ZU SEHEN IST, WENN SIE NIEMAND GESTOHLEN HAT.

(nach Hans Christian Andersen)

 ISBN 978-3-8346-2730-8 | www.verlagruhr.de

Der Wolf und die sieben Geißlein (1/4)

 **Lies das Märchen.**

Es war einmal eine alte Geiß, die hatte sieben junge Geißlein. Das Älteste war Markus. Ihn konnte man sehr gut an seinen braunen Ohren erkennen. Peter hingegen hatte eine braune Schnauze. Marie war die Eitelste von allen. Sie legte großen Wert auf ein rosa Schleifchen auf dem Kopf. Luise war die Klügste. Hinter dem rechten Ohr klemmte immer ein Bleistift, denn sie liebte es, Gedichte zu schreiben. Der freche Hans war der Einzige in der Familie, der schwarze Flecken auf seinem Fell hatte. Seine kleine Schwester Traudel hatte eine braune Schwanzspitze. Der Jüngste war Franz. Sein Fell war ganz grau gefärbt. Eines Tages wollte die alte Geiß Futter holen, da sprach sie: „Ich will hinaus in den Wald. Habt gut acht vor dem Wolf! Wenn er hereinkommt, frisst er euch alle mit Haut und Haar. Der Bösewicht verstellt sich oft, aber an der rauen Stimme und an seinen schwarzen Pfoten werdet ihr ihn gleich erkennen." Die Geißlein sagten: „Wir wollen schon auf der Hut sein, du kannst ohne Sorge fortgehen."

Kurz darauf klopfte es an der Haustür: „Macht auf, ihr lieben Kinder, eure Mutter ist da und hat jedem von euch etwas mitgebracht!" Die Geißlein erkannten an der rauen Stimme, dass es der Wolf war. „Wir machen nicht auf", riefen sie, „du bist unsere Mutter nicht, die hat eine feine und liebliche Stimme. Aber deine Stimme ist rau, du bist der Wolf!" Der Wolf ging fort zu einem Krämer, um ein großes Stück Kreide zu kaufen, das seine Stimme fein machen sollte. Er aß sie und ging zurück: „Macht auf, ihr lieben Kinder, eure Mutter ist da und hat jedem von euch etwas mitgebracht." Die Kinder aber konnten auf dem Fensterbrett seine schwarze Pfote sehen und riefen: „Wir machen nicht auf, unsere Mutter hat keinen schwarzen Fuß. Du bist der Wolf."

Da lief der Wolf zu einem Müller und ließ sich weißes Mehl auf die Pfote streuen. Nun ging er wieder zurück, klopfte und sprach: „Macht auf, ihr lieben Kinder, eure Mutter ist da und hat jedem von euch etwas mitgebracht!" Die Geißlein riefen: „Zeig uns erst deine Pfote, damit wir wissen, dass du unsere Mutter bist." Da legte der Wolf die Pfote ins Fenster und als sie sahen, dass sie weiß war, glaubten sie ihm und öffneten die Tür. Wer aber hereinkam, das war der Wolf. Sie erschraken und wollten sich verstecken. Marie sprang unter den Tisch. Ein anderes Geißlein versteckte sich unter der Bettdecke. Es lugte nur noch eine braune Schwanzspitze hervor. Das älteste Kind kroch in den Ofen. Das vierte Geißlein legte sich unter das Bett, man konnte nur noch die braune Schnauze erahnen. Das fünfte Kind sprang in den Schrank und verlor dabei seinen Bleistift. Hans versteckte sich unter der Waschschüssel. Der Kleinste der Sieben hüpfte in den Kasten der Wanduhr.

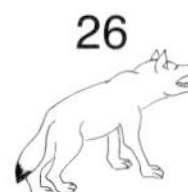

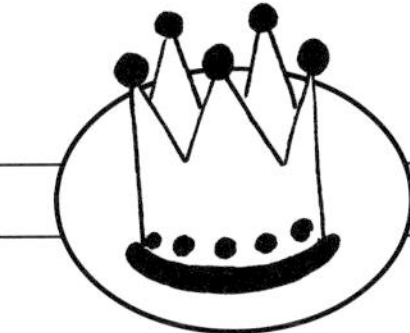

Der Wolf und die sieben Geißlein (2/4)

Aber der Wolf fand sie alle. Eins nach dem anderen fraß er. Nur das Jüngste in dem Uhrenkasten, das fand er nicht. Der Wolf legte sich satt auf einer Wiese unter einen Baum und schlief.

Nicht lange danach kam die alte Geiß wieder heim. Ach, was musste sie da erblicken! Tisch, Stühle und Bänke waren umgeworfen, die Waschschüssel lag in Scherben, Decke und Kissen waren aus dem Bett gezogen. Keins ihrer Kinder war zu finden. Sie rief sie nacheinander, doch nur das Jüngste antwortete: „Ich bin im Uhrenkasten!" Sie holte es heraus und es erzählte ihr, dass der Wolf gekommen wäre und die anderen gefressen hätte.

Sie machten sich auf, den Wolf zu suchen, und entdeckten ihn bald auf der Wiese. Sofort sahen sie, dass sich im Bauch des schlafenden Bösewichts etwas regte. Hoffnungsvoll rannte die alte Geiß nach Hause und holte Schere, Nadel und Zwirn. Dann schnitt sie dem Ungetüm den Bauch auf, und kaum hatte sie einen Schnitt getan, so sprangen die sechs Geißlein unversehrt nacheinander heraus. Glücklich befahl die Alte: „Sucht Wackersteine, damit füllen wir dem Wolf den Bauch." Die Geißlein beeilten sich und schnell konnte ihre Mutter den Bauch wieder zunähen.

Bald erwachte der Wolf und sein großer Durst trieb ihn zum Brunnen. Bei jedem Schritt stießen die Steine in seinem Bauch aneinander und rappelten.
Da rief er:
„Was rumpelt und pumpelt
in meinem Bauch herum?
Ich meinte, es wären sechs Geißlein,
so sind's lauter Wackerstein'!"

Und als er an den Brunnen kam und trinken wollte, zogen ihn die schweren Steine hinein und er musste jämmerlich ertrinken. Die sieben Geißlein und ihre Mutter jubelten laut: „Der Wolf ist tot! Der Wolf ist tot!"

(nach den Brüdern Grimm)

Der Wolf und die sieben Geißlein (3/4)

 **Hast du das Märchen genau gelesen und kennst die Geißlein? Fülle die Tabelle aus.**

 **Fülle den Steckbrief zu den Merkmalen aus („Woran du Märchen erkennst“).**

Der Name des Geißleins:	Daran kann man es erkennen:	Dort hat es sich versteckt:

Der Wolf und die sieben Geißlein (4/4)

 **Findest du die Geißlein im Bild?**

 **Male im Bild die Geißlein in den richtigen Farben aus.**

 **Schreibe die Namen der Geißlein auf die Schilder.**

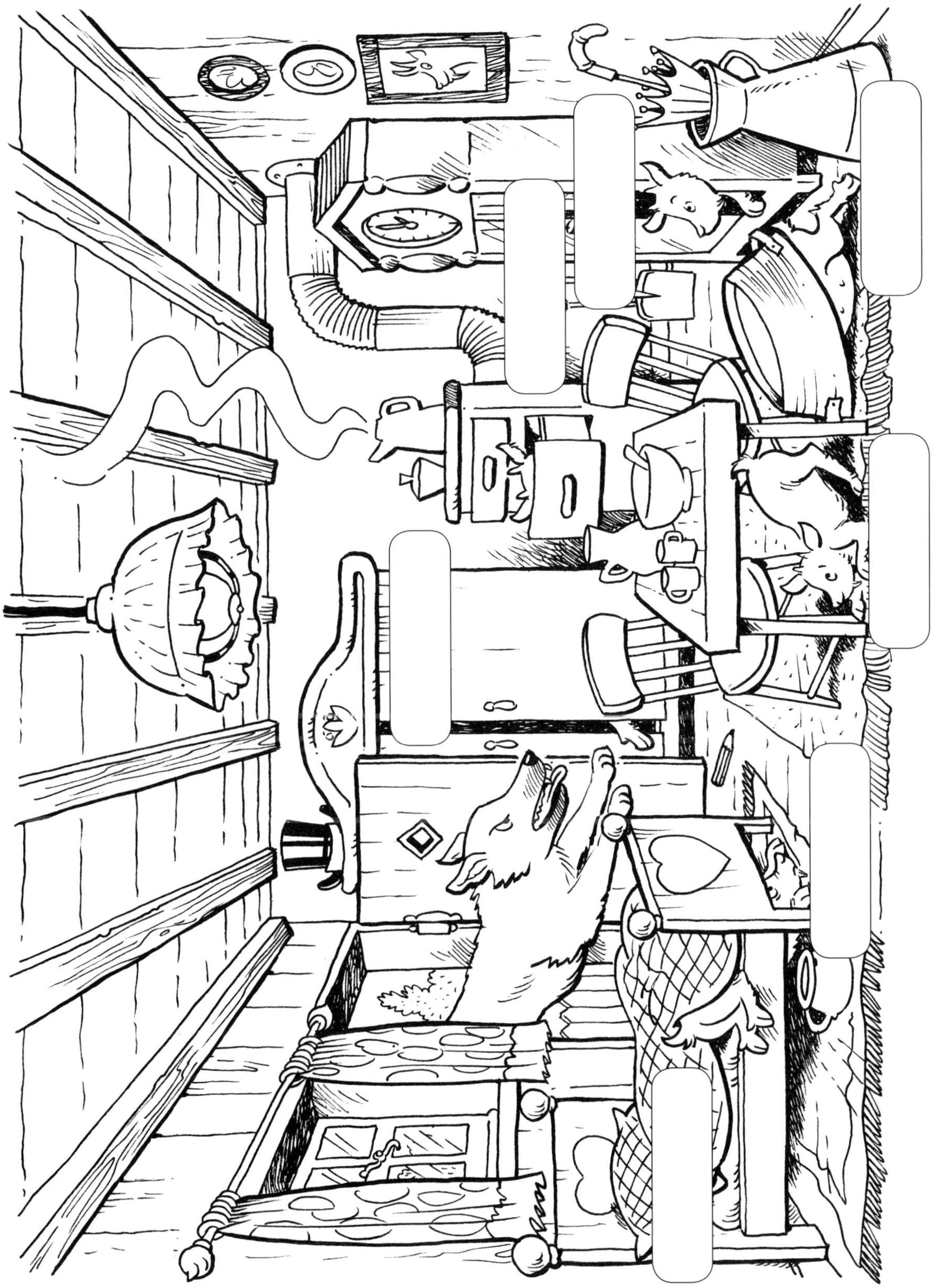

König Drosselbart (1/4)

 **Lies das Märchen.**

Es war einmal ein König, der hatte eine wunderschöne Tochter, die er gern verheiraten wollte. Zu seinem Leidwesen wies sie alle Männer ab und trieb auch oft noch Spott mit ihnen. Besonders hart traf es einen gutherzigen König, dessen Makel es war, ein krumm gewachsenes Kinn zu haben. Die hochmütige Königstochter verspottete ihn als König Drosselbart.

Dem Vater, der von diesem Benehmen peinlich berührt war, riss die Geduld. Er verkündete laut, dass seine Tochter den nächstbesten Mann heiraten müsste, der um ihre Hand bitten würde, und sei es ein Bettler.

Er hielt sein Wort, als kurz danach ein Spielmann am Hofe des Königs auftauchte. Bald schon wurde Hochzeit gehalten. Darauf entschied der König, dass seine Tochter mit ihrem Angetrauten hinfortziehen müsse.
So trug es sich zu. Und als die beiden durch einen Wald kamen, entwickelte sich das folgende Gespräch:
„Ach, wem gehört der schöne Wald?“
„Der gehört dem König Drosselbart.
Hätt'st du ihn genommen, so wär er dein.“
„Ach, ich arme Jungfer zart, hätt' ich genommen den König Drosselbart.“

Das gleiche Gespräch wiederholte sich auf einer saftigen, grünen Wiese:
„Ach, wem gehört die schöne Wiese?“
„Die gehört dem König Drosselbart.
Hätt'st du ihn genommen, so wär sie dein.“
„Ach, ich arme Jungfer zart, hätt' ich genommen den König Drosselbart.“

Im Laufe der Wanderung wurde die Prinzessin immer trauriger.

Auch in der Stadt, in der ihr neues Zuhause war, erfuhr sie, dass diese dem König Drosselbart gehörte. Der Spielmann forderte seine Frau auf, Feuer zu machen und Essen zuzubereiten, was sie jedoch nie gelernt hatte. Auch zur Arbeit taugte sie nicht, weder zum Korbflechten noch zum Spinnen, denn ihre Finger waren so zart, dass selbst das Garn sie schnitt.

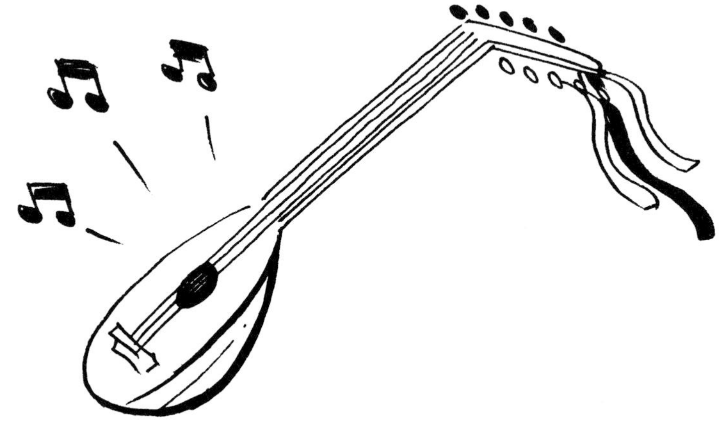

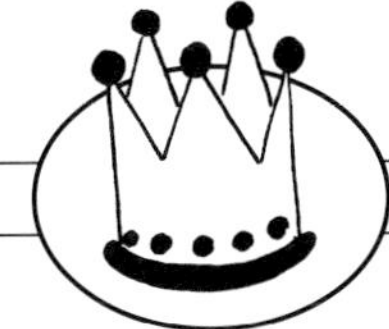

König Drosselbart (2/4)

Immer mehr bereute die Prinzessin ihre Hochnäsigkeit: *„Ach, ich arme Jungfer zart, hätt' ich genommen den König Drosselbart."*
Das Einzige, was die Prinzessin konnte, war Töpfe auf dem Markt zu verkaufen, denn die Leute kauften der schönen Frau gern etwas ab. Doch dann preschte eines Tages ein betrunkener Reiter durch die ausgelegte Ware, sodass alles ein einziger Scherbenhaufen war.

Zuhause meinte ihr Mann: „Du bist zu nichts zu gebrauchen. Ich habe dir im Schloss eine Stelle als Küchenmagd besorgt."

Nun musste die Prinzessin in der Küche stehen und dem Koch zur Hand gehen. Sie machte sich in beiden Taschen ihres Mantels ein Töpfchen fest, darin brachte sie Essen nach Hause und davon ernährten sie sich. Bei einem Fest im Schloss sah die Prinzessin von der Tür aus wunderschöne Gäste und den Ballsaal in seiner Pracht und Herrlichkeit. Wehmütig verwünschte sie sich und ihren Stolz. Auf einmal trat der Königssohn auf sie zu und wollte mit ihr tanzen. Sie aber weigerte sich und erschrak, denn sie erkannte, dass es der König Drosselbart war, den sie mit Spott abgewiesen hatte.

Ihr Sträuben aber half nichts, er zog sie in den Saal. Da zerriss das Band und die Töpfe mit den Essensresten fielen heraus. Alles verteilte sich auf dem Boden. Es entstand großes Gelächter und sie wurde von allen Gästen verspottet. Verschämt sprang sie zur Tür hinaus und wollte fliehen. Auf der Treppe holte sie ein Mann ein und zog sie zurück. Wie sie ihn ansah, war es wieder der König Drosselbart. Er sprach ihr freundlich zu: „Fürchte dich nicht, ich und der Spielmann, der mit dir in dem elenden Häuschen gewohnt hat, sind eins. Dir zuliebe habe ich mich so verstellt und der Reiter, der dir die Töpfe entzwei geritten hat, bin ich auch gewesen. Das alles ist geschehen, um dich für deinen Hochmut zu strafen." Da weinte sie bitterlich und sagte: „Ich habe großes Unrecht getan." Er aber tröstete sie und so feierten sie noch am selben Abend ihre Hochzeit.

(nach den Brüdern Grimm)

König Drosselbart (3/4)

 **Schneide die Satzstreifen aus.**

 **Ordne die Satzstreifen der Reihe nach.**

Unterwegs wanderten sie durch schöne Wiesen und Wälder, die alle dem König Drosselbart gehörten. Sie jammerte: „Ach, ich arme Jungfer zart, hätt' ich genommen den König Drosselbart."

Auf einem Fest im Schloss tanzte der Königssohn mit ihr und dabei fielen die Essensreste auf den Boden. Die Prinzessin war gedemütigt und der Königssohn gestand, der Spielmann gewesen zu sein, der ihr den Hochmut austrieb. Sie heirateten noch auf dem Fest.

Ein König hatte einst eine hochnäsige Tochter, der kein Mann gut genug war. Einen verspottete sie sogar mit dem Namen „König Drosselbart". Schließlich war sie gezwungen, einen einfachen Spielmann zum Bräutigam zu nehmen und das Schloss zu verlassen.

Dann musste sie sogar als Küchenmagd im Schloss dienen. Sie nahm Essensreste in ihrem Mantel mit, damit ihr Mann und sie sich ernähren konnten.

In der Stadt lebten sie ärmlich und die Prinzessin sollte kochen, putzen und Töpfe auf dem Markt verkaufen.

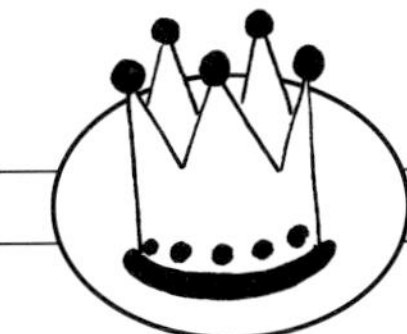

König Drosselbart (4/4)

Hier siehst du den Weg, den die Prinzessin gehen muss, bis sie glücklich werden kann. Klebe die Satzstreifen der Reihe nach an die passende Stelle neben den Weg.

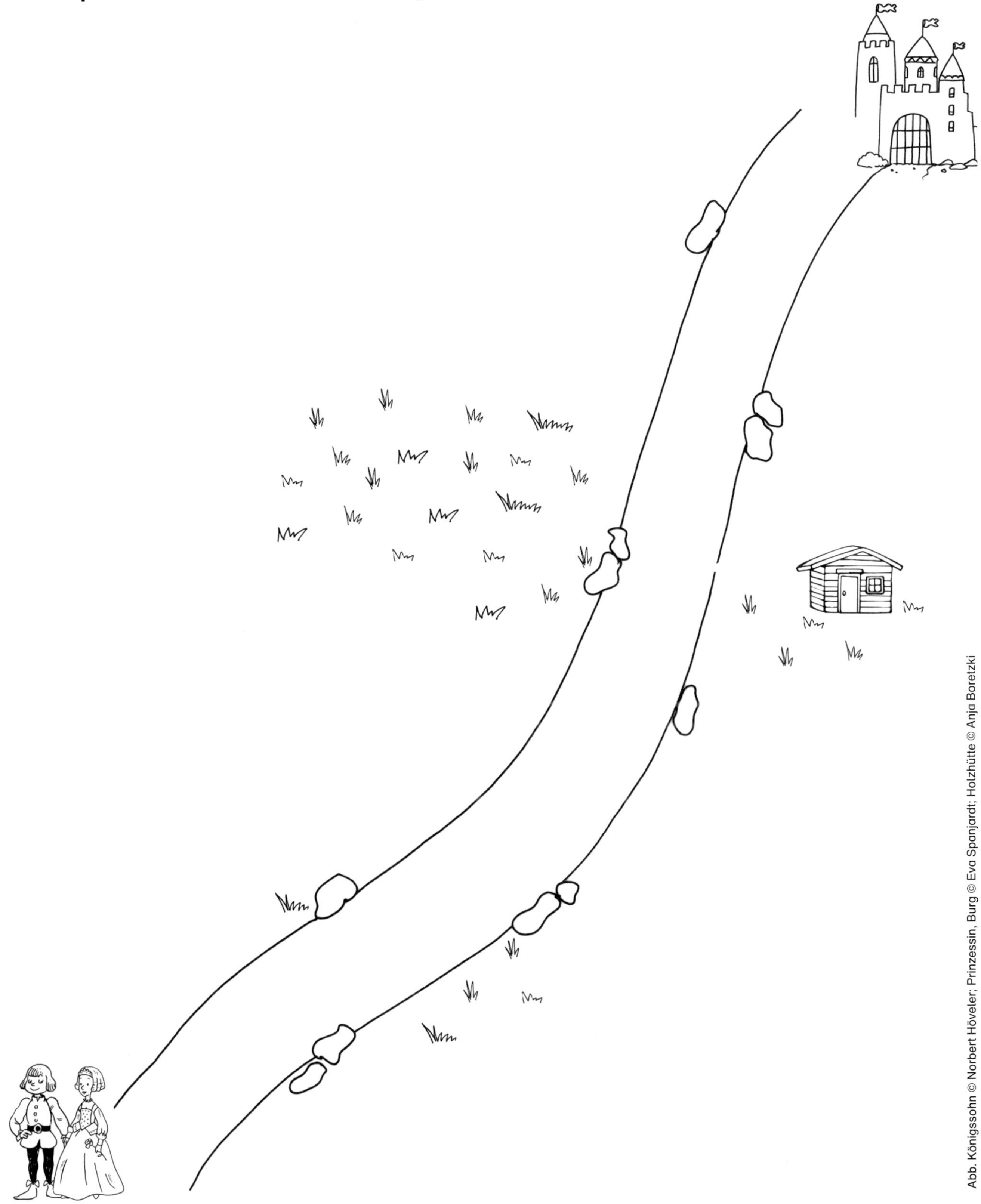

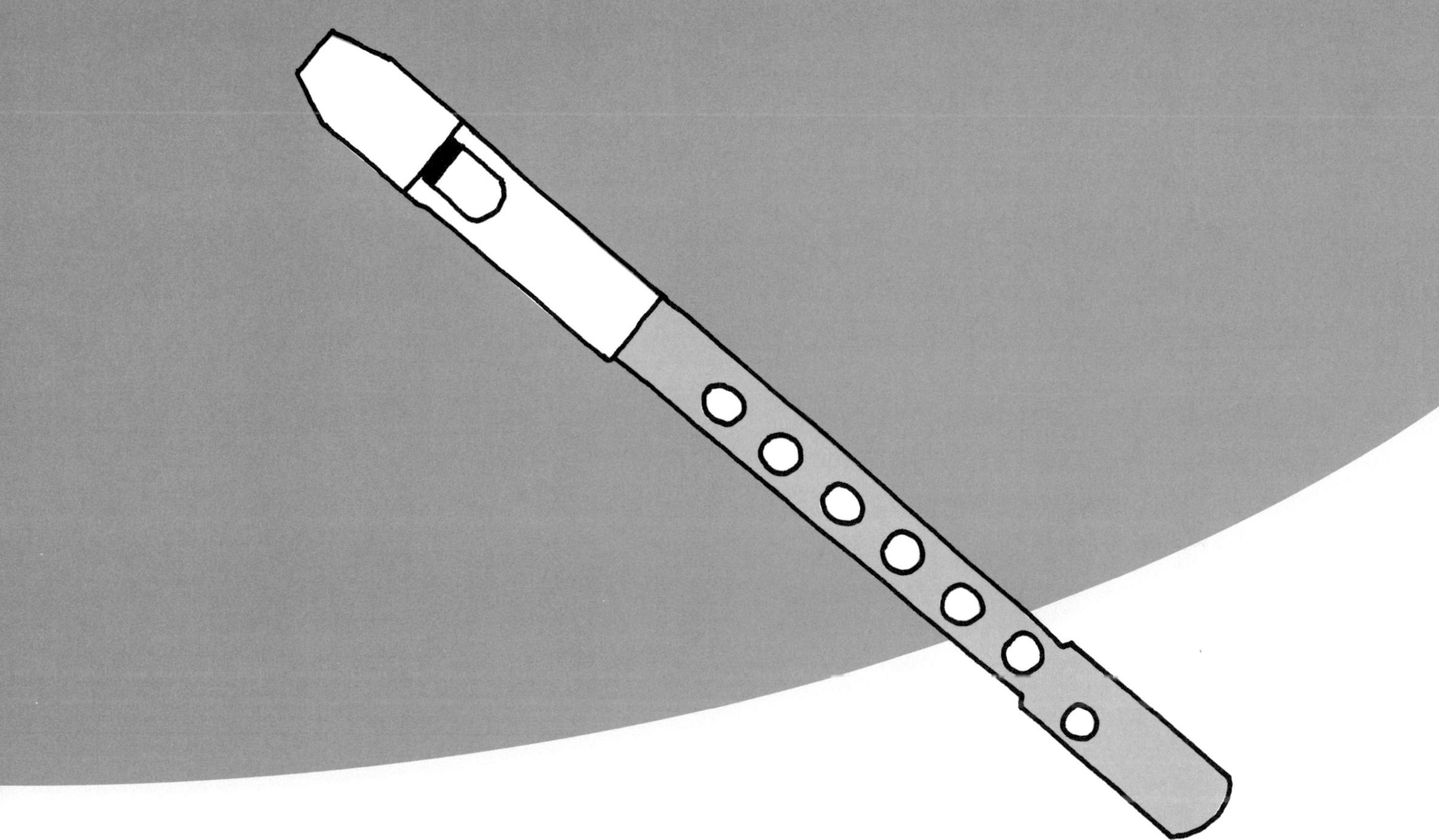

Sagen

Woran du Sagen erkennst (1/2)

 **Lies den Infotext aufmerksam durch.**

 **Unterstreiche im Text die wichtigsten Informationen. Falls du unsicher bist, hilft dir der Drache.**

Unter Sagen versteht man ursprünglich nur mündlich überlieferte Geschichten, die meistens einen wahren Kern haben. Das heißt, der Ort, an dem sie spielen, die Personen oder die Zeit, in der die Sage handelt, manchmal auch ein paar Dinge, die passieren, hat es wirklich gegeben. Es wurde aber immer der größte Teil frei erfunden und darüber hinaus mit fantastischen Ideen und Figuren ausgeschmückt, zum Beispiel mit Zwergen, Feen oder Riesen. Eine wichtige Rolle in Sagen spielt meist das Bedrohliche oder Unheimliche.

Die Menschen versuchten früher, mit den Sagen Dinge zu erklären, die sie nicht verstehen konnten, beispielsweise Erscheinungen in der Natur, wie ein seltsam geformter Felsen.

Sagen gibt es in allen Ländern und man findet sie zu vielen verschiedenen Themen.

Sie lassen sich zum Beispiel unterteilen in:

Heimat- und Volkssagen:
Sie erzählen von Dingen, die in der Natur oder im Leben der Menschen passiert sind, und versuchen, diese zu erklären.

Götter- und Heldensagen:
Sie erzählen von Helden und Göttern und deren Taten.

Die Sagen sind in vielen Fällen sehr alt und die Verfasser meistens unbekannt.

mündlich überlieferte Geschichten/
wahren Kern/fantastische Ideen und Figuren/
Dinge zu erklären/in allen Ländern/
zu vielen verschiedenen Themen/
Heimat- und Volkssagen/
Götter- und Heldensagen/sehr alt/
Verfasser meistens unbekannt

Woran du Sagen erkennst (2/2)

 **Lies die folgenden Aussagen.**
Entscheide dich, ob der Satz richtig oder falsch ist.
Die Buchstaben vor den richtigen Sätzen ergeben ein Lösungswort.

 **Schreibe die richtigen Sätze in dein Heft ab.**

 * **Erkundige dich in deiner Familie, in einer Bücherei oder im Internet nach Sagen aus deiner Gegend.**
Schreibe eine Sage auf und erzähle sie in deiner Klasse.

A	Sagen wurden schon früh aufgeschrieben.
H	Sagen haben meistens einen wahren Kern.
O	Sagen gibt es nur in Deutschland.
E	Das Unheimliche und Bedrohliche spielt oft eine zentrale Rolle.
R	Heimatsagen erzählen oft vom Leben der Menschen.
B	Sagen, in denen Götter vorkommen, nennt man Volkssage.
Ü	Der größte Teil einer Sage entspricht der Wahrheit.
K	Den Erfinder der Sage kennt man meistens nicht.
L	Nichts an einer Sage entspricht der Wahrheit.
U	Dinge, die Menschen nicht verstanden, versuchten sie oft, mit Sagen zu erklären.
M	In jeder Sage kommen Zauberer vor.
L	Der größte Teil einer Sage war frei erfunden.
E	Sagen wurden mit fantastischen Ideen ausgeschmückt.
X	Der Ort, an dem eine Sage spielt, war immer unbekannt.
S	Sagen stammen aus vielen verschiedenen Ländern.

Lösungswort: ....

Der Rattenfänger von Hameln (1/2)

 **Lies den Text.**

Im Jahre 1284 gab es in Hameln eine große Rattenplage. Die Tiere fraßen den Menschen ihre Lebensmittel auf und waren außerdem eine große Gefahr, da sie Krankheiten übertrugen. Die Menschen hatten keine Idee, wie sie der Plage entkommen konnten. Da kam ein seltsam aussehender Mann. Er hatte bunte Kleider an und versprach: „Ich bin ein Rattenfänger. Gebt mir 1 000 Taler und ich werde die Stadt von allen Ratten befreien."

Die Bürger der Stadt sagten ihm den verlangten Lohn zu. Der Fremde nahm seine Flöte und zog darauf spielend durch die Straßen der Stadt. Alsbald kamen die Ratten und Mäuse aus allen Richtungen und Ecken gekrochen und sammelten sich um ihn. Der Rattenfänger ging pfeifend aus der Stadt hinaus und in den Fluss Weser hinein.
Die Tiere folgten dem Spielmann ins Wasser und ertranken. Die Stadt war nun von der Plage befreit. Dennoch wollten die Bürger dem Rattenfänger den versprochenen Lohn nicht bezahlen. Wütend ging er davon.

Am 26. Juni kam der Mann in der Gestalt eines Jägers mit einem roten Hut zurück nach Hameln. Während alle Erwachsenen in der Kirche waren, ließ er abermals seine Flöte in den Gassen ertönen. Doch statt der Ratten kamen nun alle Kinder der Stadt, Jungen und Mädchen, angelaufen. Diese führte der Rattenfänger zum Osttor der Stadt hinaus in einen Berg, wo er mit ihnen verschwand.

Nur zwei Kinder kehrten zurück, weil sie sich verspäteten und damit den Anschluss an die anderen verpasst hatten. Aber das eine war blind, sodass es den Weg nicht zeigen konnte, das andere war stumm, sodass es nichts erzählen konnte. Ein Knabe war überhaupt nicht mitgegangen, weil er umgekehrt war, um seinen Mantel zu holen. So ist er dem Unglück ganz entgangen. Man sagt, der Rattenfänger habe die Kinder in eine Höhle geführt und sei mit ihnen bis nach Siebenbürgen in Rumänien gewandert. 130 Kinder waren verloren.

(nach den Brüdern Grimm)

Der Rattenfänger von Hameln (2/2)

 **Schneide die Bilder aus und ordne sie in der richtigen Reihenfolge.**

 **Klebe die Bilder in dein Heft.**

 **Schreibe zu jedem Bild mindestens einen passenden Satz.**

oder:

 **Schreibe eine richtige Bildergeschichte.**

© Norbert Höveler

© Norbert Höveler

© Norbert Höveler

© Norbert Höveler

© Verlag an der Ruhr | Autorinnen: Saskia Kistner, Ann Cathrin Mihsler | Abb. Kopfzeile, Fußzeile, Aufgaben-Icons © Verlag an der Ruhr | ISBN 978-3-8346-2730-8 | www.verlagruhr.de

Die Steine der Riesen (1/2)

 **Lies den Text.**

In der Lüneburger Heide hausten vor ganz vielen Jahren drei Riesen. Sie waren so groß wie hohe Bäume. Die Riesen verbreiteten Angst und Schrecken. Sie ärgerten die Menschen und trieben mit ihnen ihr Spiel: mal im Gutem, mal im Bösen. Wenn die Riesen hungrig waren, ging es besonders den Müllern und Bäckern schlecht. Mit den Händen hielten die Riesen manchmal die rauchenden Schornsteine der Bäcker zu und pusteten von oben hinein. Den Müllern hielten sie die Mühle an, indem sie die Mühlenflügel packten und die Mühle so zum Stillstand brachten. Erst wenn die Müller das Mehl von den Bäckern verbacken ließen und das Brot den Riesen gaben, zogen die Riesen lachend davon.

Den Fuhrleuten erging es da besser. Ihnen, eher gesagt den Pferden, halfen die Riesen häufig. Wenn die armen Tiere ihre Karren mühsam durch die schlechten Sandwege schleppten und dann nicht mehr weiterkonnten, packten die Riesen mit den Händen zu.
Sie trugen Pferde, Wagen und Fuhrleute dorthin, wo der Boden fester war und sie wieder leichter fahren konnten. Die Riesen waren große Freunde der Pferde und konnten kaum mit ansehen, wie diese sich täglich quälen mussten. So entschlossen sie sich, eine Straße durch die Lüneburger Heide zu bauen, um es den Pferden leichter zu machen.

Das Material für die Straße holten die Riesen aus dem Norden, und zwar aus einem Land, das jenseits eines großen Meeres lag.

Mit ihrer gewaltigen Kraft sowie mithilfe von Flößen transportierten die Riesen die großen Steinblöcke in die Lüneburger Heide.

Als die Riesen in der Lüneburger Heide bei Uelzen mit den Steinen arbeiteten, waren sie so beschäftigt, dass sie nicht merkten, wie sie harmlose Bienen mit ihren großen Füßen zertraten. Die anderen Bienen des Bienenvolkes wurden wütend und sannen auf Rache. Sie stachen in die nackten Beine der Riesen.
Es kam zu einem wilden Kampf. Immer mehr Bienen fielen über die Riesen her und zerstachen deren Körper. Die Riesen warfen mit ihren riesigen Steinen kreuz und quer nach den Bienen. Dabei versanken so manche Riesensteine im Boden oder zerbrachen und blieben an der Erdoberfläche liegen. Die Bienen wurden immer böser und jagten die drei Riesen bis ans Meer. Schließlich flüchteten die Riesen ins Wasser, wo sie ertranken.

So manche ihrer riesigen Steine sieht man noch heute in der Lüneburger Heide.

Die Steine der Riesen (2/2)

Was ist an dieser Sage wohl wahr?

....

....

Von welcher Gegend in Deutschland handelt die Sage?

....

....

....

Wem und warum genau halfen die Riesen?

....

....

Warum warfen die Riesen mit den Steinen?

....

....

....

....

Warum konnten die Riesen die Straße nicht bauen?

....

....

....

* Einige Heimatsagen werden auch als Natursagen bezeichnet.
Kannst du erklären, warum die Sage „Die Steine der Riesen“ eine Natursage ist?

....

....

Der Ulmer Spatz (1/2)

 **Lies das Gedicht von Carl Hertzog.**

Anno dazumal vor vielen Jahren
Ist den Ulmern Folgendes widerfahren:
Zu allerlei Bauten in der Stadt
Man Rüst- und Bauholz nötig hat',
Doch wollt es den Leuten nicht gelingen
Die Balken durchs Tor hereinzubringen,
Und doch war reiflich die Sach' überlegt
Das Holz in die Quer' auf den Wagen gelegt;
Das Tor war zu eng, die Balken zu lang,
Dem Stadtbaumeister ward angst und bang.

Viel gab es hin und her zu sprechen:
Und ungeheures Kopfzerbrechen.

Und stündlich wuchs die Verlegenheit,
Da – begab sich eine Begebenheit
Von den Klügsten einer ein Spätzlein schauet,
Das oben am Turm sein Nestlein bauet,
Und einen Halm, der sich in die Quer'
Gelegt hat vor sein Nestchen her,
Mit dem Schnäblein – und das war nicht dumm
An der Spitze wendet zum Nest herum,
„Das könnte man", ruft der Mann mit Lachen,
„Mit dem Balken am Tore ja auch so machen!"

Man probiert's und es ging. – Den guten Gedanken
Hatten die Ulmer dem Spätzlein zu danken:
So ist der Spatz noch heute zu schauen
Hoch am Münster sein Bild in Stein gehauen.

(Gekürzte Fassung. Das Original stammt aus dem Jahre 1842.)

Der Ulmer Spatz (2/2)

Auf dem Arbeitsblatt „Der Ulmer Spatz (1/2)“ sind neben den Gedichtstrophen Kästen mit Linien. Du hast nun zwei Möglichkeiten:

 **Unten siehst du Textfelder. Sie übersetzen das Gedicht aus der alten Sprache in eine Geschichte. Schneide die Textfelder aus und klebe sie an die passende Stelle zum Gedicht über die Kästen.**

oder:

 **Schreibe in die Textfelder neben dem Gedicht, was in den Strophen geschieht. Benutze deine eigenen Worte.**

Sie wurden immer verzweifelter. Ein kluger Mann beobachtete einen Spatz beim Nestbau auf dem Ulmer Münster. Ein Halm lag quer vor dem Nest. Als der Spatz den Halm so nicht ins Nest bekam, drehte er ihn und schob ihn der Länge nach hinein. Der Mann rief: „Genauso machen wir das auch. Wir drehen das Holz und legen es längs auf den Wagen.“

Vor vielen Jahren benötigten die Ulmer viel Bauholz für neue Gebäude. Doch die Balken waren zu groß. Sie lagen quer auf dem Wagen und passten so nicht durch das Stadttor.

So machten die Männer es und es klappte. Aus Dankbarkeit bauten sie dem Spatz ein Denkmal auf dem Ulmer Münster. Dort ist es heute noch zu sehen.

Alle überlegten hin und her. Doch keiner fand eine Lösung.

Die Jungfrau von der Lorelei (1/2)

 **Lies den Text.**

Vor langer Zeit lebte auf der Lorelei, einem Felsen am Rhein, ein wunderschönes, junges Mädchen. Es sang gar lieblich und alle Menschen lauschten ihm verzaubert, wenn sie es hörten. Leider ließen sich auch viele Fischer auf dem Rhein von dem Gesang der Jungfrau in den Bann ziehen. Die Felsen im Rhein machten aber genau diese Stelle besonders gefährlich. Abgelenkt vom Gesang, wurden die Fischer unvorsichtig und fuhren gegen die Felsen. Die Schiffe versanken mit Mann und Maus in den Fluten.

Die Fischer waren es auch, die die Geschichte von der schönen Jungfrau auf der Lorelei weit hinaus in die Welt trugen. So kam die Geschichte des Mädchens auch zum Sohn des Pfalzgrafen und er beschloss, diesem Spuk sofort ein Ende zu bereiten. Eines Abends zog er aus an den Rhein. Einer der Fischer nahm den Grafensohn mit aufs Wasser. Als sie nun zum Lorelei-Felsen kamen, zeigte der Fischer hinauf. Da sah der junge Mann die Schöne, die am Rande des Felsen saß und ihre goldenen Haare kämmte. Dabei sang sie ein trauriges Lied. Nach wenigen Minuten war der Grafensohn dem Mädchen verfallen. Er befahl dem Fischer, das Boot an Land zu rudern, und sprang an Land. Doch er rutschte aus und versank – wie schon viele Männer vor ihm – in den Fluten des Rheins.

Als der Vater von dem Unglück erfuhr, wurde er sehr zornig. Er befahl einem seiner Soldaten, die Frau zu ihm zu bringen. Der Soldat zog schon am folgenden Abend zur Lorelei aus. Tatsächlich schaffte er es, den Felsen unversehrt zu erklimmen. Oben saß das Mädchen mit einer Bernsteinkette in der Hand, blickte ihn erwartungsvoll an und fragte: „Was möchtest du von mir?“ „Dich, du Zauberin!“, rief der Angesprochene. „Ich befehle dir, dich sofort in die Fluten des Rheins zu stürzen! Du hast unserem Grafen den Sohn geraubt.“ Da lachte die Jungfrau und warf die Bernsteinkette in den Fluss. Dabei rief sie: „Vater, Vater, geschwind, geschwind, die weißen Rosse schick deinem Kind, es will reiten mit Wogen und Wind.“ Sofort bäumten sich zwei mächtige weiße Wellen im Rhein auf und brachen über dem Felsen zusammen. Sie zogen das Mädchen mit sich in die Tiefe des Flusses, wo es verschwand.

Nie wieder hat ein Mensch die Jungfrau von der Lorelei gesehen.

Die Jungfrau von der Lorelei (2/2)

Zu jedem Bild gibt es genau einen passenden Satz in der Sage „Die Jungfrau von der Lorelei“. Finde ihn und schreibe ihn neben das Bild.

*** Recherchiere über ein Schiffsunglück am Lorelei-Felsen in den letzten Jahren. Was ist passiert? Schreibe in dein Heft und präsentiere dein Ergebnis der Klasse.**

....

....

....

....

....

....

....

....

....

....

....

....

....

....

....

....

....

....

....

....

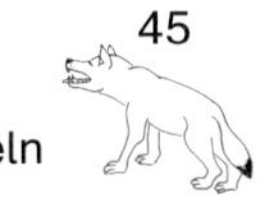

Der Ort – ein wahrer Kern

Die Punkte auf der Deutschlandkarte markieren die Orte, an denen einige Sagen spielen. Nimm einen Atlas und finde heraus, zu welchem Punkt welcher Ort gehört. Notiere den Ort und die dazugehörige Sage neben den Pfeilen.
Diese Orte musst du finden: Hameln, Uelzen, Ulm, Sankt Goarshausen.

Finde heraus, in welchen Bundesländern die Orte liegen. Male die Bundesländer an und schreibe die Namen neben die Bundesländer.

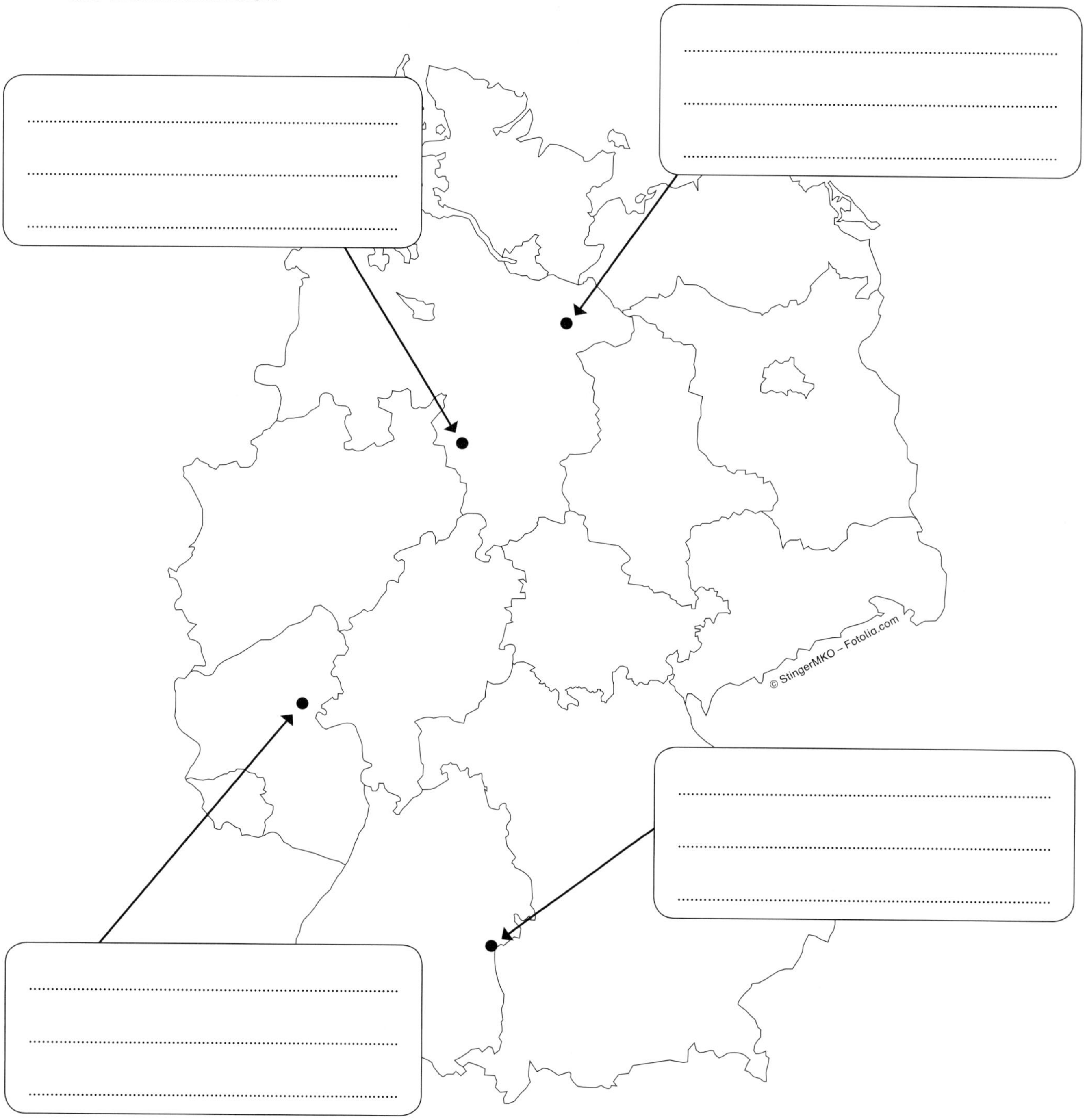

Theseus und der Minotaurus

 **Die Teile der griechischen Götter- und Heldensage „Theseus und der Minotaurus“ sind durcheinandergeraten. Schneide die Teile aus und puzzle sie in der richtigen Reihenfolge zusammen. Klebe sie in dein Heft. Schreibe die Überschrift der Sage dazu.**

 **Male ein Bild des Minotaurus dazu, wie du ihn dir vorstellst.**

Lange irrten sie durch das Labyrinth, als sie plötzlich ein gefährliches Schnauben hörten. Theseus hielt die anderen zurück, er wollte das Ungeheuer allein erlegen. Vorsichtig schaute er um die nächste Ecke und da stand er nun, der furchterregende Minotaurus. Sofort ging der Minotaurus zum Angriff über, doch Theseus wich ihm geschickt aus. Schnell ließ Theseus sein Schwert mit aller Macht niederfahren und tötete den Minotaurus. Der Kampf war vorüber und erleichtert nahm Theseus seinen Faden wieder in die Hand und führte alle in die Freiheit.

Nun ging Theseus mit seinen Gefährten in das Labyrinth. Ariadne hatte ihm geraten, den Anfang des Fadenknäuels nahe beim Eingang zu befestigen. Bei jedem Schritt wickelte Theseus ein Stück von dem Faden ab und hinterließ so eine Spur auf seinen verschlungenen Wegen.

Theseus war der Sohn des athenischen Königs Aigeus im alten Griechenland. Jedes Jahr wurden dem menschenfressenden Ungeheuer Minotaurus auf der griechischen Insel Kreta sieben Jünglinge und sieben Jungfrauen geopfert. Der Minotaurus war halb Mensch, halb Stier und bewohnte ein Labyrinth, bekannt unter dem Namen „Labyrinth des Minotaurus“. Der tapfere Theseus plante, den Minotaurus zu töten und den Opfergaben damit ein Ende zu bereiten. Er bot sich freiwillig als Opfer an, um sich bei dem Minotaurus einzuschleichen und ihn zu überlisten.

So brach Theseus mit den Jünglingen und Jungfrauen nach Kreta auf. Kaum waren sie auf der Insel angelangt, da zog Theseus mit seinem Heldenmut die Blicke der schönen Ariadne auf sich. Heimlich traf sie sich mit ihm und gab ihm noch manchen Rat. Auch reichte sie ihm ein Knäuel aus Faden und ein eisernes Schwert, damit er den Minotaurus siegreich bezwingen konnte.

Baldurs Tod (1/3)

Lies die germanische Götter- und Heldensage genau durch. Sie ist auf zwei Seiten verteilt.

Göttervater Odin und seine Frau Frigga hatten einen Sohn, Baldur. Er war der schönste, edelste und netteste Gott. Der Jüngling, der Gott des Lichts und des Frühlings war, wurde von allen ganz besonders geliebt und geschätzt.

Doch eines Tages träumte Frigga, dass ihr Sohn bald sterben müsse. Merkwürdig war, dass auch Baldur in dieser Nacht einen solchen Traum hatte. Da rief Odin, Baldurs Vater, Wala zu sich. Diese verfügte über die Fähigkeit, in die Zukunft sehen zu können. Doch wie erschrocken war Odin, als auch die Seherin ihm mitteilte, dass sein geliebter Sohn schon in jungen Jahren sterben müsse. Dies sogar durch die Hand seines blinden Bruders Hödur. Verzweifelt beratschlagte man, was zu tun sei. Und sie beschlossen, dass alle Geschöpfe des Himmels und der Erde einen Schwur leisten mussten, Baldur niemals im Leben etwas antun oder ihn gar töten zu wollen. Und so geschah es. Egal wer einen Speer oder Pfeil auf den Sohn von Odin und Frigga warf, Baldur blieb unverletzt. Bald schon machten sich alle einen Spaß daraus, den jungen Gott zu attackieren.

Alles wäre wahrscheinlich auf lange Zeit gut gegangen, wäre da nicht Loki gewesen, der stets etwas Böses im Sinn führte. Eines Tages nämlich ging er – verkleidet als arme Bettlerin – zu Frigga und entlockte ihr ein wohlgehütetes Geheimnis: Nur ein einziges Lebewesen, der Mistelstrauch, könne Baldur Schaden zufügen.

Als alle Lebewesen des Himmels und der Erde den Schwur abgelegt hatten, hatte man den Mistelstrauch nicht schwören lassen, weil man ihn für viel zu zart und unbedeutend hielt.

Dieses Wissen um Baldurs Verletzlichkeit ließ Loki einen hinterlistigen Plan schmieden. Er eilte zur alten Eiche und schnitt dort ein kleines Zweiglein des Mistelstrauches ab. Mit dem lief er zu Hödur und forderte ihn auf, sich am Treiben um seinen Bruder Baldur zu beteiligen.

„Wie soll ich das machen?“, fragte Hödur. „Ich bin blind und mein Pfeil würde ihn niemals treffen!“ Doch Loki wusste Rat. „Spanne du den Bogen, ich führe deine Hand“, antwortete er und gab ihm den Mistelzweig anstelle des Pfeiles. Und so geschah das Unglaubliche, mit dem niemand gerechnet hatte: Hödur schoss den Pfeil ab, der seinen Bruder tödlich verletzte. So hatte sich auf grausame Art und Weise die Weissagung erfüllt.

In ganz Asgard herrschte große Trauer. Alle hatten Baldur geliebt, deshalb war sein Tod nun wirklich ein großer Verlust.

Baldurs Tod (2/3)

Die Götter wollten den Mörder und Verräter ausfindig machen und erfuhren, dass Loki die Schuld trug. Doch als sie sich seinem Haus näherten, machte sich der verschlagene Bursche schnell aus dem Staub. Und weil er wusste, dass er seinen Verfolgern nur in einer anderen Gestalt entkommen konnte, verwandelte er sich in einen Lachs und verbarg sich unter dem nahe gelegenen Wasserfall. Zuvor jedoch hatte er noch schnell ein Fischernetz, das er gefertigt hatte, um zu erproben, ob er damit gefangen werden könnte, ins Feuer geworfen.

Genau diese Tat wurde Loki nun zum Verhängnis. Denn als die Götter zu Lokis Haus kamen, sahen sie die Reste des noch nicht ganz verbrannten Fischernetzes im Feuer liegen und wussten sogleich, wo sie Loki suchen mussten. Mit dem Netz, das er selbst geknüpft hatte, fingen sie ihn schließlich ein.

Die Strafe, die ihn nun erwartete, war ebenso schrecklich wie die Tat, die er begangen hatte. Die Götter brachten Loki auf eine Insel und schmiedeten ihn dort an einen scharfkantigen Felsen, so dass er sich nicht mehr rühren konnte.

Baldurs Tod (3/3)

 **Löse das Kreuzworträtsel.**

1. Wer dachte sich eine List aus, um Baldur zu töten?
2. Wie heißt der Göttervater?
3. Welche Göttin besitzt die Fähigkeit, in die Zukunft zu sehen?
4. In welches Tier verwandelt sich Loki?
5. Womit wird er gefangen?
6. Wodurch erfährt die Mutter vom bevorstehenden Tod ihres Sohnes?
7. Welche Pflanze macht Baldur verletzlich?
8. Baldur war Gott über das Licht und den ....
9. Loki versteckte sich unter einem ....
10. Was mussten alle Geschöpfe des Himmels und der Erde leisten, um Baldur zu schützen?

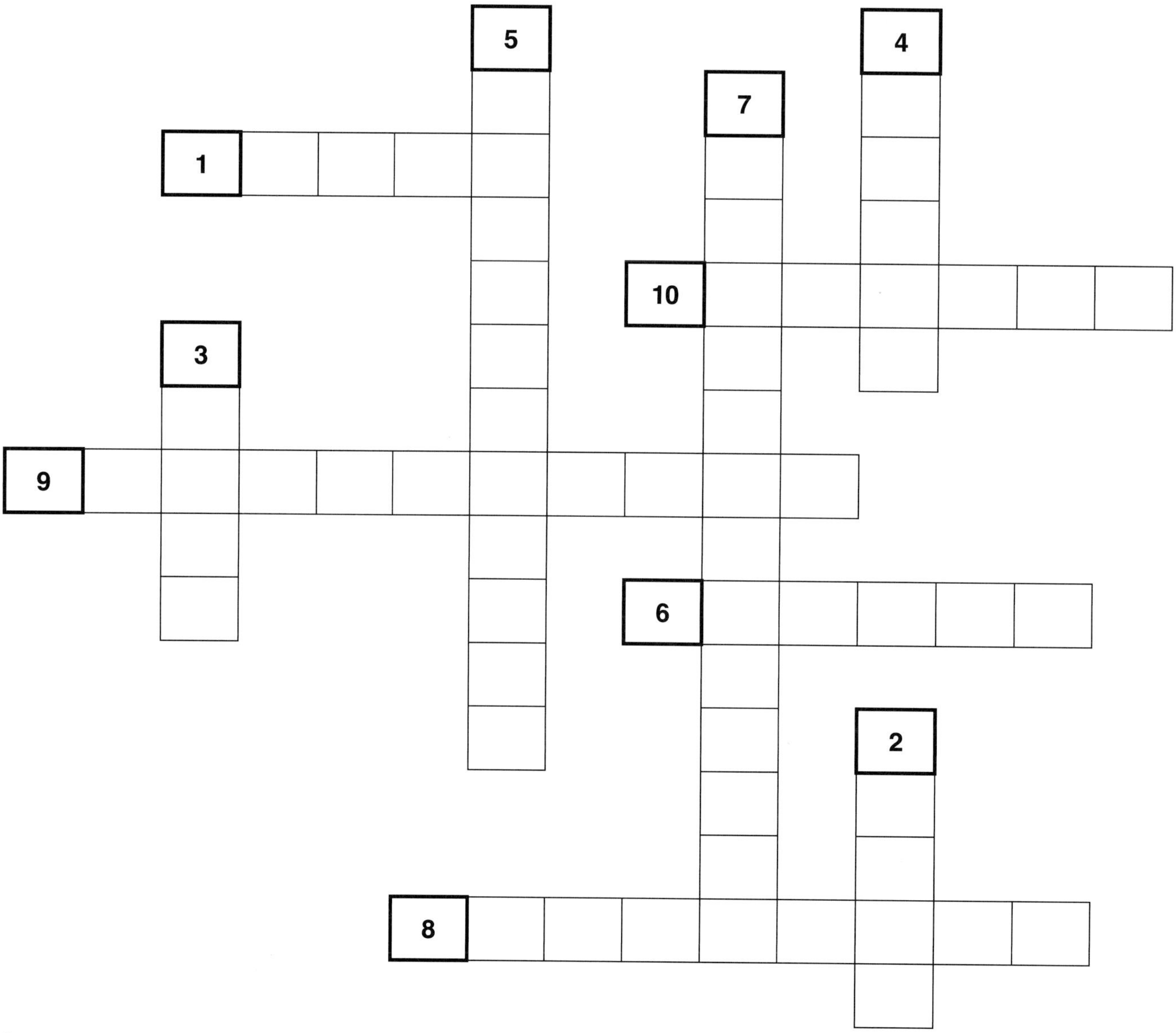

5 4 7 1 10 3 9 6 2 8

Fabeln

Woran du Fabeln erkennst (1/2)

 **Lies den Infotext aufmerksam durch.**

 **Unterstreiche im Text die wichtigsten Informationen. Falls du unsicher bist, hilft dir der Drache.**

Die Fabel ist eine kurze Erzählung, die meistens von zwei Tieren handelt. Manchmal sind es aber auch Pflanzen oder Gegenstände. Die Fabelwesen haben menschliche Eigenschaften. Sie benehmen sich wie Menschen, können reden, denken und fühlen. Menschliche Schwächen stehen bei Fabeln im Mittelpunkt, zum Beispiel Lügen, Angeberei, Faulheit, Überheblichkeit und viele andere. Durch diese menschlichen Schwächen entstehen Konflikte (Probleme), die dem Leser meist durch ein Gespräch aufgezeigt werden.

In Fabeln gibt es in den meisten Fällen Spieler und Gegenspieler, das heißt, das eine Fabelwesen ist das genaue Gegenteil des anderen Fabelwesens.
Beispiele: dumm – klug, faul – fleißig oder langsam – schnell. Das Fabelwesen mit der schlechten Eigenschaft erscheint anfangs meist als Gewinner.

Oft verändert sich plötzlich die Situation oder Lage entscheidend. Dies nennt man den Wendepunkt. Der vermeintliche Gewinner wird überraschend zum Verlierer und der Verlierer zum Gewinner. Das Gute gewinnt meistens.

Die Fabel hat zum Ziel, Menschen zu belehren. Sie sollen sich selbst in den Fabelwesen sehen und eigene Fehler erkennen, um daraus zu lernen. Das nennt man eine Moral. Nicht immer ist es für den Leser sofort erkennbar, welche Lehre (Moral) er aus der Fabel ziehen soll. Erst durch Nachdenken wird die Moral deutlich.

kurze Erzählung/zwei Tiere/
menschliche Eigenschaften/Schwächen/
Konflikte/Spieler und Gegenspieler/
Wendepunkt/das Gute gewinnt/
Ziel, Menschen zu belehren/
Lehre (Moral) / Nachdenken

Woran du Fabeln erkennst (2/2)

 **Bearbeite den Lückentext. Schaffst du es, ohne abzuschauen?**

Die Fabel ist eine ....,

die meistens von .... handelt. Manchmal

sind es aber auch Pflanzen oder Gegenstände. Die Fabelwesen haben

....

Sie benehmen sich wie Menschen, können reden, denken und fühlen. Menschliche

.... stehen bei Fabeln im Mittelpunkt, zum Beispiel

Lügen, Angeberei, Faulheit, Überheblichkeit und viele andere. Durch diese

menschlichen Schwächen entstehen .... (Probleme),

die dem Leser meist durch ein Gespräch aufgezeigt werden.

In Fabeln gibt es meistens ....

...., das heißt, das eine Fabelwesen ist das genaue

Gegenteil des anderen Fabelwesens. Beispiele: dumm – klug, faul – fleißig oder

langsam – schnell. Das Fabelwesen mit der schlechten Eigenschaft erscheint

anfangs meist als Gewinner.

Oft verändert sich plötzlich die Situation oder Lage entscheidend. Dies nennt man

.... Der vermeintliche Gewinner wird überraschend

zum Verlierer und der Verlierer zum Gewinner.

.... meistens.

Die Fabel hat zum ...., ...

.... Sie sollen sich selbst in den Fabelwesen sehen

und eigene Fehler erkennen, um daraus zu lernen. Das nennt man Moral.

Nicht immer ist es für den Leser sofort erkennbar,

welche .... er aus der Fabel

ziehen soll. Erst durch .... wird die Moral

deutlich.

Der Rabe und der Fuchs

 **Lies den Infotext aufmerksam durch.**

 **Schaue dir die Fabel „Der Rabe und der Fuchs“ gut an.
Erkennst du die Teile?
Umkreise in der Fabel die Überschrift rot, die Einleitung grün, den Hauptteil blau und den Schluss gelb.
Lies dir auch den Steckbrief der Fabel gut durch.
Hast du den Wendepunkt erkannt?**

Eine Fabel ist wie jede andere Erzählung eingeteilt in Überschrift, Einleitung, Hauptteil und Schluss.

In der **Überschrift** werden oft die Fabelwesen genannt, die in der Geschichte vorkommen. Die **Einleitung** stellt die Fabelwesen vor. Im **Hauptteil** entsteht der Konflikt zwischen den Fabelwesen und es kommt zum Wendepunkt. Der Wendepunkt leitet zum **Schluss** über und der Leser zieht eine Lehre für sein Verhalten.

Der Rabe und der Fuchs

Ein Rabe hat ein Stück Käse gefunden und sich auf einen Ast zurückgezogen, um es zu verzehren, als ein Fuchs vorbeikommt.

Der Fuchs, der den Käse gern selber hätte, schmeichelt dem Raben: „Ihr seid wunderschön. Ist eure Stimme auch so schön, so sollte man euch zum König krönen über alle Vögel der Welt. Singt doch einmal für mich!“

Durch die Schmeichelei des Fuchses unvorsichtig geworden, beginnt der Rabe, zu singen. Als er den Schnabel öffnet, fällt der Käse heraus.

Sofort fängt der Fuchs das Stück und frisst es auf.

(nach Martin Luther)

Steckbrief der Fabel

Überschrift

Einleitung
Tiere: Rabe und Fuchs

Hauptteil
Spieler: Fuchs (schlau)
Gegenspieler: Rabe (eitel)

Wendepunkt: Der Rabe verliert den Käse. Der Fuchs hat den Käse und ist damit der Gewinner.

Schluss
Lehre: Lass dich von Schmeicheleien nicht täuschen.

Der Adler und der Sperling

 **Umkreise in der Fabel „Der Adler und der Sperling“ die Überschrift rot, die Einleitung grün, den Hauptteil blau und den Schluss gelb. Schneide die einzelnen Teile des Steckbriefs unten auf dem Blatt aus und klebe sie an die richtige Stelle.**

 **Erkläre das Sprichwort „Hochmut kommt vor dem Fall“ in deinem Heft.**

Der Adler und der Sperling

Einmal rief der Adler alle Vögel zusammen.

Er prahlte: „Wer kann sich mit mir messen? Wer kann höher fliegen als ich?“ Dem Sperling wurde die Prahlerei zu bunt und er rief: „Ich kann! Adler, ich kann höher fliegen als du!“ Alle Vögel lachten und der Adler wunderte sich: „Du kleiner Sperling willst mich herausfordern?“ „Ja, ich!“, antwortete der Sperling. Der Sperling hüpfte unbemerkt auf den Rücken des Adlers und der Adler flog weit, weit nach oben. Nach einer Weile fragte der Adler: „Sperling, wo bist du?“ „Über dir!“, rief der und hüpfte vom Rücken herunter. Der Adler staunte, wurde wütend und breitete seine Schwingen aus, um noch höher zu steigen, ihm ging aber die Kraft aus und er stürzte wie ein Stein in die Tiefe.

Der Sperling, der noch alle Kraft hatte, flog nun ausgelassen herunter und jubilierte vor Freude.

(aus Indonesien)

Steckbrief der Fabel

Überschrift

Einleitung

Hauptteil

Schluss

Tiere: Adler und Vögel

Lehre: Hochmut kommt vor dem Fall.

Spieler: Sperling (schlau)

Wendepunkt: Der Sperling hüpfte vom Rücken des Adlers, hatte noch viel Kraft und konnte höher steigen als der große Vogel. Der kleine Sperling gewann.

Gegenspieler: Adler (prahlerisch/angeberisch)

Der Fuchs und der Ziegenbock

 **Die Teile der Fabel „Der Fuchs und der Ziegenbock“ sind durcheinandergeraten. Male die Überschrift rot, die Einleitung grün, den Hauptteil blau und den Schluss gelb an.**

 **Schneide die Fabelteile aus und puzzle sie in der richtigen Reihenfolge zusammen. Klebe sie in dein Heft.**

 **Erstelle den Steckbrief für die Fabel in deinem Heft. (Wenn du nicht mehr weißt, wie das geht, dann schaue auf dem Arbeitsblatt „Der Rabe und der Fuchs“ nach.)**

„Oh, das Wasser ist köstlich und erfrischend. Komm nur hinunter und stille deinen Durst.“ Das tat der Bock sofort. Nachdem er getrunken hatte, überlegte er: „Aber wie kommen wir nun wieder heraus? Es ist ganz schön tief.“ Der Fuchs entgegnete: „Mach dir keine Sorgen, ich habe eine gute Idee! Stell dich auf deine Hinterbeine, stemme die Vorderbeine fest gegen die Wand und lass mich über deinen Rücken auf den Rand des Brunnens klettern. Wenn ich oben bin, helfe ich dir heraus.“ Genauso machten sie es. Als der Fuchs herausgeklettert war, wartete der Bock auf seine Hilfe.

Ein durstiger Fuchs fiel in einen tiefen Brunnen und wusste nun nicht, wie er da wieder herauskommen sollte. Da kam ein Ziegenbock des Weges, er entdeckte den Fuchs im Brunnen und fragte: „Schmeckt das Wasser gut?“

Der Fuchs aber lachte ihn aus und sagte: „Hättest du mal besser nachgedacht, wie du aus dem Brunnen herauskommst, bevor du hinuntergestiegen bist.“

Der Fuchs und der Ziegenbock (nach Äsop)

Der Löwe und die Maus (1/2)

 **In der Fabel sind die Adjektive, die den Löwen und die Maus beschreiben, eingerahmt. Male die Adjektive, die zum Löwen gehören, grün an und die Adjektive, die zur Maus gehören, orange an.**

 **Trage die Adjektive jeweils beim richtigen Tier in der Tabelle ein.**

Als der [große] Löwe schlief, lief ihm eine [kleine] Maus über den Körper. Aufwachend packte er die [hilflose] Maus und wollte sie fressen. Da bat die Maus ihn: „Bitte, [mächtiger] Löwe, lass mich frei! Ich werde dir eines Tages meine Dankbarkeit beweisen und dir helfen." Der [starke] Löwe lachte und ließ die [schwache] Maus laufen. Eines Tages wurde der Löwe von Menschen gefangen und mit einem Strick an einen Baum gefesselt. Auf einmal fühlte sich der Löwe ganz [klein] und [schwach]. Er jammerte [hilflos]. Dies hörte die Maus. Sie lief zu ihm, sah den Löwen und fühlte sich auf einmal [groß] und sagte: „Jetzt bin ich [stark] genug, dir zu helfen." Sie zernagte den Strick und befreite den Löwen. „Damals hast du mich ausgelacht und mir nicht geglaubt. Nun siehst du, wie [mächtig] auch die Kleinen manchmal sein können."

(nach Äsop)

Der Löwe und die Maus (2/2)

Was fällt dir bei den Adjektiven in der Tabelle auf? Schreibe auf.

Das ist mir aufgefallen: ....

....

....

Den **Wendepunkt** erkennst du daran, dass die Geschichte auf einmal genau in die andere Richtung geht.
So werden zum Beispiel aus starken Tieren schwache Tiere und andersherum.

stark, groß, mächtig

schwach, klein, hilflos

Wo ist in der Geschichte der Wendepunkt? Trage den Satz ein, mit dem sich die Situation umkehrt. Hier ist der Wendepunkt.

Tipp: Die Adjektive zeigen deutlich, ab wann der Löwe auf einmal nicht mehr der Starke, sondern der Schwache ist.

....

....

....

Warum wird aus der kleinen Maus auf einmal das starke und mächtige Tier, während der Löwe klein und hilflos geworden ist?

....

....

....

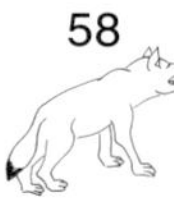

 | ISBN 978-3-8346-2730-8 | www.verlagruhr.de

Warum gibt es eigentlich Fabeln?

 **Lies den Text und löse das Rätsel.**

 **Suche dir einen der drei Dichter aus und recherchiere im Internet wichtige Daten zu seinem Leben. Schreibe sie auf und präsentiere dein Wissen deinen Mitschülern.**

Fabeln gibt es schon seit mehr als 2500 Jahren. Der Grieche **Äsop** war der Erste, der Fabeln gesammelt hat. Er soll ein Sklave gewesen sein. Zunächst wurden die Fabeln nur mündlich weitererzählt, erst viel später wurden sie tatsächlich aufgeschrieben und gesammelt. Es gibt aber nicht nur Fabeln aus Griechenland, sondern aus vielen Ländern der Erde. Neben Äsop gibt es zwei weitere bekannte Fabeldichter: **Jean de la Fontaine** aus Frankreich und **Gotthold Ephraim Lessing** aus Deutschland. Fabeln wurden früher oft erfunden, um gegen die Unterschiede zwischen armen und reichen Menschen zu protestieren. Offen durften die Menschen früher ihre Meinung nicht äußern, sie wären bestraft worden. Wer das Geld hatte, hatte die Macht. Das Ziel der Fabel war, die Menschen zum Nachdenken über unfaires oder dummes Verhalten zu bringen. Die Menschen sollten die Moral der Fabel verstehen und ihre Lehre daraus ziehen.

1. Was sollen die Menschen in der Fabel verstehen?
2. Wer war der erste Dichter, der Fabeln gesammelt hat?
3. Das Ziel der Fabel war, die Menschen zum .... zu bringen.
4. Welcher berühmte Fabeldichter stammte aus Deutschland?
5. Wie viele Jahre gibt es Fabeln schon mindestens?
6. Mit Fabeln wurde gegen die .... zwischen armen und reichen Menschen protestiert.
7. Bevor Fabeln aufgeschrieben wurden, wurden sie .... weitererzählt.

Und die Moral von der Geschicht' ...

Die Fabel hat zum Ziel, Menschen zu belehren. Sie sollen sich selbst in den Fabelwesen wiedersehen und eigene Fehler erkennen, um daraus zu lernen. Das nennt man Moral. Nicht immer ist es für den Leser sofort erkennbar, welche Lehre (Moral) er aus der Fabel ziehen soll. Erst durch Nachdenken wird die Moral deutlich. Viele der Lehren sind heute als Sprichwörter bekannt. Vielleicht kennst du auch schon einige.

 **Unten stehen einige Lehren, die als Sprichwörter bekannt sind. Male die drei Teile, die zusammengehören, in der gleichen Farbe an.**

 **Zu welchen der Lehren findest du passende Fabeln? Schreibe so in dein Heft: Hochmut kommt vor dem Fall: Der Löwe und die Maus**

Sprichwort Teil 1	Sprichwort Teil 2	Lehre, die man ziehen soll
Hochmut kommt	ins Korn werfen	Wenn ihr streitet, schadet ihr euch oft selbst.
Wenn zwei sich streiten,	fällt selbst hinein.	Gib nicht zu schnell auf.
die Flinte nicht	vor dem Fall.	Handle niemals unüberlegt.
Was du nicht willst, das man dir tut,	dann handeln	Sei nicht so eingebildet! Du weißt nie, was noch kommt.
Wer anderen eine Grube gräbt,	platzen	Behandle deine Mitmenschen so, wie du behandelt werden willst.
erst denken,	das füg auch keinem andren zu.	Behandle andere nicht schlecht, sonst kommt das wieder auf dich zurück.
vor Neid	freut sich der Dritte.	Sei nicht so neidisch, du schadest dir damit nur selbst.

Der Löwe und der Bär

 **Lies die Fabel „Der Löwe und der Bär".**

 **Welches Sprichwort steckt in der Fabel? Welche Lehre soll man daraus ziehen? Schreibe auf.**

 **Findest du den Wendepunkt in der Fabel? Unterstreiche den Satz, mit dem sich die Geschichte wendet.**

 **Finde eine Situation aus deinem Leben, auf die diese Lehre auch passt. Schreibe sie auf.**

Es war einmal ein kleiner Fuchs, der hungrig durch den Wald streifte. Und wie er so nach einer Beute Ausschau hielt, hörte er plötzlich einen lauten Streit. Er schlich sich an und sah einen riesigen Bären, der nach einem starken Löwen schlug und wütend fauchte: „Ich war der Erste hier. Das Hirschkalb gehört mir." „Nein", brüllte der Löwe, „du lügst! Ich habe die Beute gefangen und deshalb gehört sie mir." Zornig schnappte er nach dem Bären. Während der Löwe und der Bär miteinander stritten und kämpften, bekam der Fuchs immer mehr Hunger und Appetit auf das Fleisch. Aber er war klug und dachte: „Wenn der Löwe und der Bär noch länger streiten, dann sind sie bald erschöpft und können mir nichts mehr anhaben."

Also wartete er geduldig, bis der Bär und der Löwe nach langem Kampf kraftlos zusammenbrachen und sich nicht mehr bewegten. Nun kam der Fuchs aus seinem Versteck und holte sich die Beute. Höflich sagte er zu den müden Streithähnen: „Danke, meine Herren, sehr freundlich, wirklich sehr freundlich!"
Und lachend zog er mit der Beute ab.

(nach Äsop)

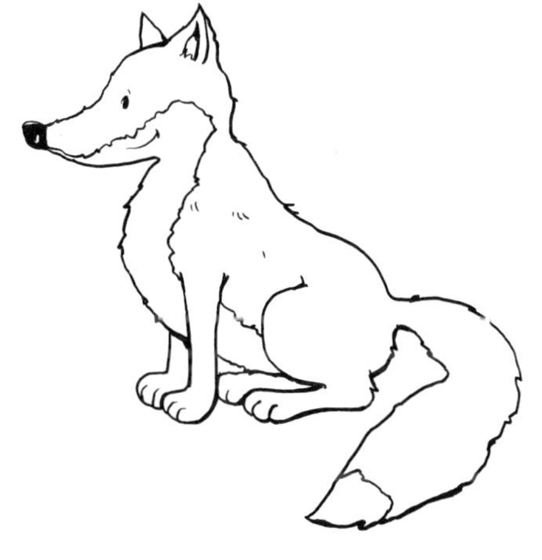

Sprichwort:

....

....

....

Lehre:

....

....

....

Fabelhafte Eigenschaften

Die Tiere in den Fabeln besitzen bestimmte **Eigenschaften**, die normalerweise nur Menschen haben. Die Tiere benehmen sich nicht wie Tiere, sondern sind ängstlich, mutig, eingebildet, hilflos, mächtig, schlau oder vorlaut. Die Eigenschaften der Tiere sind in fast allen Fabeln gleich.

 **Ordne die Eigenschaften den Tieren zu. Einige Eigenschaften passen zu mehreren Tieren. Schreibe die Zahlen auf die Linien.**

 **Überlege dir ein eigenes Tier, male es in das Feld und schreibe mindestens zwei passende Eigenschaften dazu. Es darf auch ein Tier sein, das du aus keiner Fabel kennst, zum Beispiel Giraffe, Pinguin, Hai oder Kamel.**

 * **Erfinde eine Fabel passend zu deinem Tier. Schreibe sie in dein Heft. Denke an den Aufbau und die Moral.**

....

....

....

....

....

1 stark	**4** mächtig	**7** prahlerisch	**10** schwach
2 listig	**5** hilflos	**8** groß	**11** schadenfroh
3 klein	**6** dumm	**9** eingebildet	**12** unbedacht

....

....

....

....

....

Von Fröschen und Fischen

 **Lies die zwei Fabeln.**

 **Entscheide dich für eine der beiden und male eine Bildergeschichte auf ein weißes Blatt.**

 * **Ergänze deine Bildergeschichte mit Sprechblasen. So wird daraus ein Comic.**

Die zwei Frösche

Zwei Frösche, deren Tümpel ausgetrocknet war, gingen auf die Wanderschaft. Gegen Abend kamen sie in die Kammer eines Bauernhofs und fanden dort eine große Schüssel Milch vor. Sie hüpften sogleich hinein und ließen es sich schmecken. Als sie ihren Durst gestillt hatten und wieder ins Freie wollten, konnten sie es nicht: Die Wand der Schüssel war zu glatt. Und so rutschten sie immer wieder herunter.

Viele Stunden mühten sie sich nun vergeblich ab und ihre Schenkel wurden allmählich immer müder. Da quakte der eine Frosch: „Alles Strampeln ist umsonst, das Schicksal ist gegen uns, ich geb auf!“ Er machte keine Bewegung mehr, glitt auf den Boden des Gefäßes und ertrank. Sein Gefährte aber kämpfte verzweifelt weiter bis tief in die Nacht hinein. Da fühlte er den ersten festen Butterbrocken unter seinen Füßen. Er stieß sich mit letzter Kraft ab und war im Freien.

(nach Äsop)

Die kleinen und die großen Fische

Tief unten im Meer lebte ein Schwarm großer Fische. Sie waren recht eingebildet und machten sich über die kleinen Fische lustig: „Ihr seid so unbedeutend, dass man euch kaum sieht. Wir hingegen sind der Schrecken der Tiefe! Alle zittern vor uns, wir dagegen fürchten uns vor nichts. Ihr seid wehrlos und es ist ganz leicht, euch zu fangen.“

In dem Moment senkte sich ein großes Netz herab. Die großen Fische verhedderten sich darin und wurden hinauf an Deck eines Schiffes gezogen. Die kleinen Fische hatten die Gefahr wohl bemerkt, aber sie waren durch die weiten Maschen des Netzes einfach durchgeschlüpft.

(nach Äsop)

Fuchs, Storch, Grille und Ameise

 **Hier sind zwei Fabeln durcheinandergeraten. Lies dir den ganzen Text genau durch.**

 **Unterstreiche die Textstücke der Fabel „Der Fuchs und der Storch“ rot und die Textstücke der Fabel „Die Grille und die Ameise“ grün. Falls du die zwei Fabeln nicht unterscheiden kannst, hat der Drache unten einen Tipp für dich.**

 **Entscheide dich für eine Fabel und schreibe sie in dein Heft ab. Vergiss die Überschrift nicht.**

Der Fuchs und der Storch (nach La Fontaine)

Die Grille und die Ameise (nach La Fontaine)

Eines Tages hatte der Fuchs den Storch zum Mittagessen eingeladen. Der listige Fuchs wollte den Storch aber nur ärgern. Es gab eine Suppe auf einem flachen Teller.
In einem kalten Winter kam eine Grille zu ihrer Nachbarin, der Ameise. Sie bat: „Gib mir doch bitte von dem Vorrat, den du gesammelt hast. Ich bin hungrig und habe nichts zu essen.“
Von diesem aber konnte der Storch mit seinem langen Schnabel nichts aufnehmen. Der Fuchs aß alles allein.
„Warum hast du denn keine Vorräte für den Winter gesammelt?“, wunderte sich die Ameise.
„Dazu hatte ich keine Zeit“, brummte die Grille.
Der Storch sann auf Rache. Nach einiger Zeit lud er den Fuchs zum Essen ein. Ihm stieg der Duft eines Bratens in die Nase.
„Keine Zeit?“, rief die Ameise. „Was hast du denn im Sommer getan?“ Die Grille zirpte: „Ich habe fleißig musiziert.“
Der Storch hatte das Fleisch aber in kleine Stücke geschnitten und brachte es auf den Tisch in einem Gefäß mit langem Halse und enger Öffnung. Er selbst konnte mit seinem Schnabel leicht hineinlangen. Aber die Schnauze des Fuchses passte nicht hinein.
Da sagte die Ameise: „Nun, wer nicht arbeitet, soll auch nicht essen.“
„Wie du siehst, habe ich von dir gelernt“, sagte der Storch und aß alles allein auf.

Die Tiere verraten dir, welches Textstück zu welcher Fabel gehört. Liest du etwas von Storch und Fuchs, gehört es zur Fabel „Der Fuchs und der Storch“. Liest du etwas von der Ameise und der Grille, so gehört es zur Fabel „Die Grille und die Ameise“.

Lösungen

Die Brüder Grimm

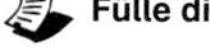 **Lies den Infotext.**

Die Brüder Grimm sind die bekanntesten Märchensammler aus Deutschland. Im Laufe der Jahre schrieben sie über 200 Märchen auf. So entstand ihre berühmte Märchensammlung „Kinder- und Hausmärchen“.

© C. Schiller – Fotolia.com

Brüder-Grimm-Denkmal in Hanau

Geboren wurden die beiden Brüder in Hanau. Jacob, der ältere der beiden, wurde im Jahr 1785 geboren. Sein Bruder Wilhelm kam ein Jahr später zur Welt. Sie wuchsen in Steinach (Bundesland Hessen) auf. Später wurden sie zu ihrer Tante nach Kassel geschickt, um dort auf das Gymnasium zu gehen. Die Brüder studierten in Marburg an der Universität und arbeiteten später beide als Bibliothekare, allerdings in unterschiedlichen Städten. So entstand das große Interesse an alten Schriften, besonders aus dem Mittelalter. Sie wollten gemeinsam ein Märchenbuch herausgeben. Da es damals die meisten Märchen nur als mündlich überlieferte Geschichten, aber nicht als geschriebenen Text gab, bedeutete dies, dass die beiden Brüder sich Märchen erzählen lassen und diese aufschreiben mussten. Zunächst waren die Bücher nicht sehr beliebt und wurden wenig gelesen. Erst später wurde ein kleiner Band der „Kinder- und Hausmärchen“ (erschienen 1825) zu einem großen Erfolg. Heute gehören die Grimmschen Märchen neben der Bibel zu den meistgelesenen Büchern der Welt.

Wie hießen die Brüder mit Vornamen und wann wurden sie geboren (Jahreszahl)?

Sie hießen Jacob, geboren 1785, und Wilhelm, geboren 1786.

Wie heißt ihre berühmte Märchensammlung?

Ihr Name ist „Kinder- und Hausmärchen.“

* **Die Brüder Grimm sind eigentlich nicht die Erfinder dieser Märchen. Warum?**

Sie haben die Märchen nicht erfunden, sondern von anderen erzählt bekommen und aufgeschrieben.

Aschenputtel – ein Vergleich (a)

Lies die zwei unterschiedlichen Versionen von Aschenputtel aus Deutschland und Spanien/Portugal durch.

Fülle die Tabelle aus.

	Deutschland	Spanien/Portugal
Personen	*Vater, Mutter, Stiefmutter, Stiefschwestern, Aschenputtel, Königspaar, Königssohn*	*Stiefmutter, Stiefschwester, Aschenputtel, Heilige, Königssohn*
Aufgaben für Aschenputtel	*Aschenputtel musste Linsen sortieren.*	*Aschenputtel musste Hirse und kleine Bohnen aushülsen und einen Sack Reis reinigen.*
Hilfe für Aschenputtel	*Die Tauben halfen Aschenputtel.*	*Eine Heilige half Aschenputtel.*
Dinge mit Zauberkraft	*Das Bäumchen hatte Zauberkräfte.*	*Eine Mandel und eine Nuss hatten Zauberkräfte.*
Ende des Märchens	*Der Prinz heiratete Aschenputtel.*	*Der Prinz heiratete Aschenputtel.*

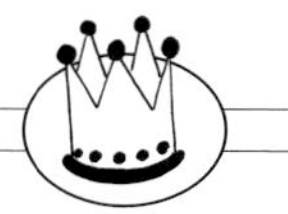

Aschenputtel – ein Vergleich (b)

* Lies die drei unterschiedlichen Versionen von Aschenputtel aus Deutschland, Italien und Spanien/Portugal durch.

* Fülle die Tabelle aus.

	Deutschland	Italien	Spanien/Portugal
Personen	Vater, Mutter, Stiefmutter, Stiefschwestern, Aschenputtel, Königspaar, Königssohn	Vater, Mutter, Schwester, Aschenbrödel, Alte, Königssohn, König, Diener	Stiefmutter, Stiefschwester, Aschenputtel, Heilige, Königssohn
Aufgaben für Aschenputtel	Aschenputtel musste Linsen sortieren.	Aschenbrödel musste die Enten hüten und Hanf spinnen.	Aschenputtel musste Hirse und kleine Bohnen aushülsen und einen Sack Reis reinigen.
Hilfe für Aschenputtel	Die Tauben halfen Aschenputtel.	Eine Alte half Aschenbrödel.	Eine Heilige half Aschenputtel.
Dinge mit Zauberkraft	Das Bäumchen hatte Zauberkräfte.	Ein Kamm, eine Gerte, ein Vögelchen hatten Zauberkräfte.	Eine Mandel und eine Nuss hatten Zauberkräfte.
Ende des Märchens	Der Prinz heiratete Aschenputtel.	Der Prinz heiratete Aschenbrödel.	Der Prinz heiratete Aschenputtel.

Der süße Brei (2/2)

Es haben sich einige Fehler in das Märchen geschlichen. Finde die 20 Unterschiede und unterstreiche sie.

Es war einst ein armes und braves Mädchen, das mit seiner Tante in einem alten, kleinen Haus lebte. Die beiden mussten oft Bauchweh leiden, denn sie hatten nur sehr wenig zu essen. Als es wieder einmal nichts mehr zu essen gab, ging das Mädchen mit knurrendem Magen hinaus in den Park. Dort traf es auf eine alte Frau, die die Sorgen und Nöte des Mädchens kannte. Deshalb schenkte die alte Frau ihr ein magisches Töpfchen. Zu diesem sollte es sagen: *„Töpfchen, koche!“*, dann würde es guten, süßen Reisbrei kochen. So könnten Mutter und Tochter essen, bis sie satt wären. Danach sollte sie sagen: *„Töpfchen, stehe!“*, so würde es wieder aufhören, zu kochen.

Eilig ging das Mädchen zurück zu seiner Mutter und erzählte von der Begegnung mit der alten Hexe. Vom Hunger geplagt, probierten sie das Töpfchen später aus. Und es funktionierte nicht! Sie konnten süßen Hirsebrei essen – so oft und so viel sie konnten. So hatte das Hungern endlich ein Ende. Eines Tages jedoch ging das Kind ins Dorf. Die Mutter blieb zurück und hatte schon bald mächtigen Hunger. Sie wollte nicht auf ihre Tochter warten und sagte: *„Töpfchen, spucke!“* Schon bildete sich der leckere Brei in dem Töpfchen und die Mutter aß sich satt.

Als sie genug Brei im Bauch hatte, öffnete die Mutter den Schnabel, um den Spruch zu sagen, damit das Töpfchen wieder aufhörte, zu kochen. Doch sie konnte sich nicht an die Worte erinnern. Also kochte das Töpfchen weiter und der Brei stieg über den Rand hinaus. Schon bald waren die Küche und das ganze Haus voller Brei. Bald lief der Brei aus den Löchern auf die Straße, ganz so, als wollte das Töpfchen die ganze Welt hungrig machen. Es kochte und brodelte. Die ganze Stadt war voll mit Brei. Endlich kam die Tochter nach Hause und sagte: *„Töpfchen, stehe!“* Da blieb es stehen und hörte auf, zu kochen.
Und wer wieder in die Stadt wollte, der musste sich durchessen.

(nach den Brüdern Grimm)

Des Kaisers neue Kleider (2/2)

Man könnte die Weber als Betrüger bezeichnen. Warum?

Sie sind Betrüger, weil sie nur so taten, als würden sie Kleider herstellen, und den König damit anlogen.

Warum trauen sich alle Angestellten des Königs nicht, zu sagen, dass sie den Stoff nicht sehen können?

Keiner der Angestellten wollte für dumm gehalten werden. Also logen sie lieber.

Warum sagt nur das Kind die Wahrheit?

Das Kind erzählte einfach, was es sah, ohne weiter darüber nachzudenken und sich Sorgen zu machen, was die anderen von ihm halten könnten.

Was glaubst du, wie hättest du reagiert?

Der Wolf und die sieben Geißlein (3/4)

Hast du das Märchen genau gelesen und kennst die Geißlein? Fülle die Tabelle aus.

*** Fülle den Steckbrief zu den Merkmalen aus („Woran du Märchen erkennst“).**

Der Name des Geißleins:	Daran kann man es erkennen:	Dort hat es sich versteckt:
Markus	*braune Ohren*	*im Ofen*
Peter	*braune Schnauze*	*unter dem Bett*
Marie	*rosa Schleifchen auf dem Kopf*	*unter dem Tisch*
Luise	*Stift hinter dem Ohr*	*im Schrank*
Hans	*schwarze Flecken im Fell*	*unter der Waschschüssel*
Traudel	*braune Schwanzspitze*	*unter der Bettdecke*
Franz	*graues Fell*	*im Kasten der Wanduhr*

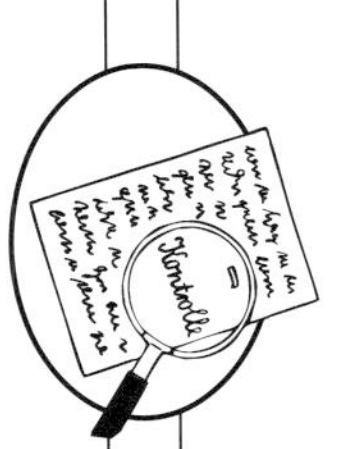

Woran du Märchen erkennst (2/2)

Merkmal-Steckbrief

Titel des Märchens: *Der Wolf und die sieben Geißlein*

Autor: *Brüder Grimm*

Anfangssatz: *Es war einmal eine alte Geiß, die hatte sieben junge Geißlein.*

Schlusssatz: *Die sieben Geißlein und ihre Mutter jubelten laut: „Der Wolf ist tot! Der Wolf ist tot!"*

Verse/Zauberspruch: *„Was rumpelt und pumpelt in meinem Bauch herum? Ich meinte, es wären sechs Geißlein, so sind's lauter Wackerstein'!"*

erfundene Wesen:

Tiere: *Geißen, Wolf*

Orte: *Haus der Geißen*

besonderer Gegenstand:

magische Zahl: *sieben*

Das Gute besiegt das Böse ☒ Ja ○ Nein

Der Wolf und die sieben Geißlein (4/4)

- Findest du die Geißlein im Bild?
- Male im Bild die Geißlein in den richtigen Farben aus.
- Schreibe die Namen der Geißlein auf die Schilder.

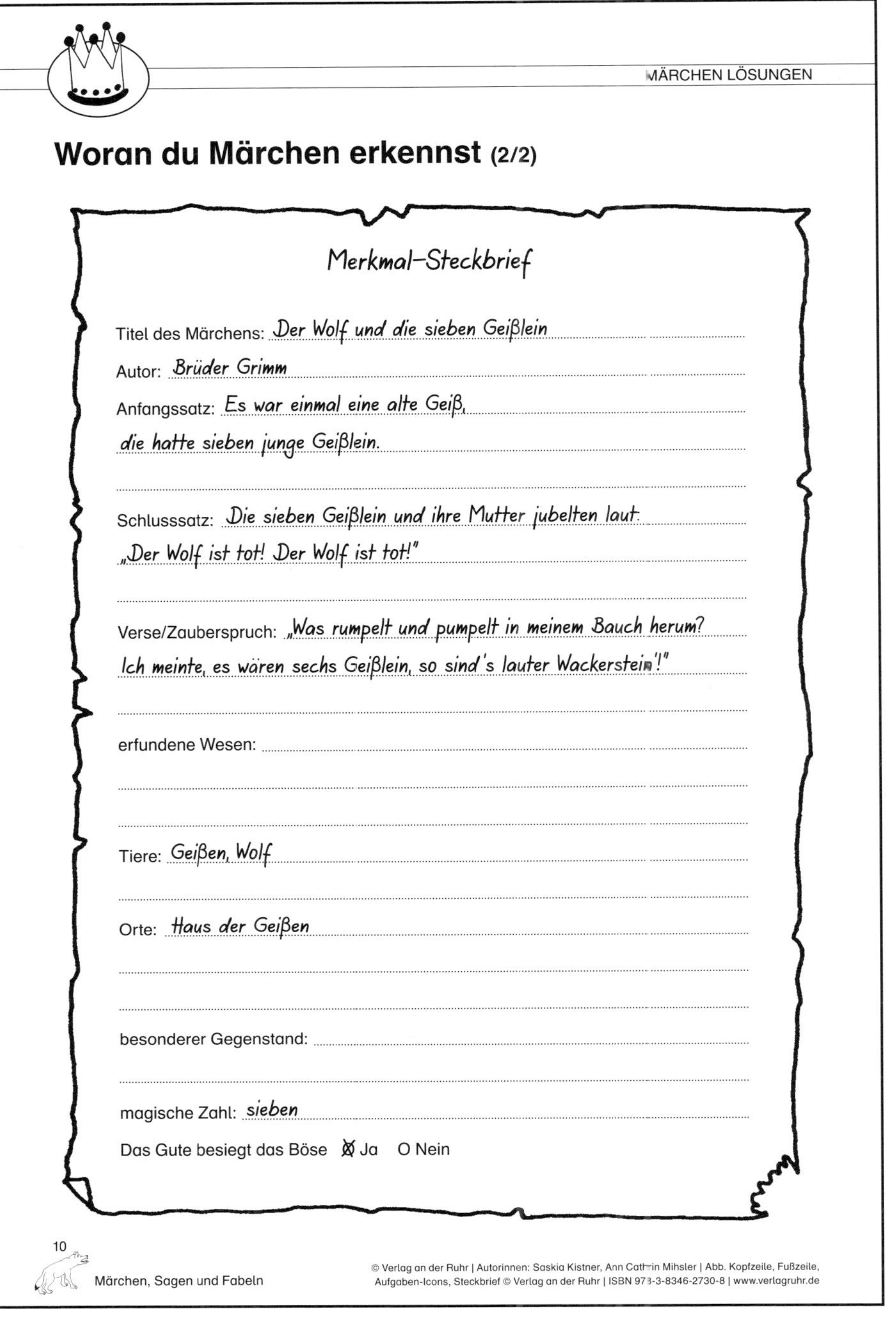

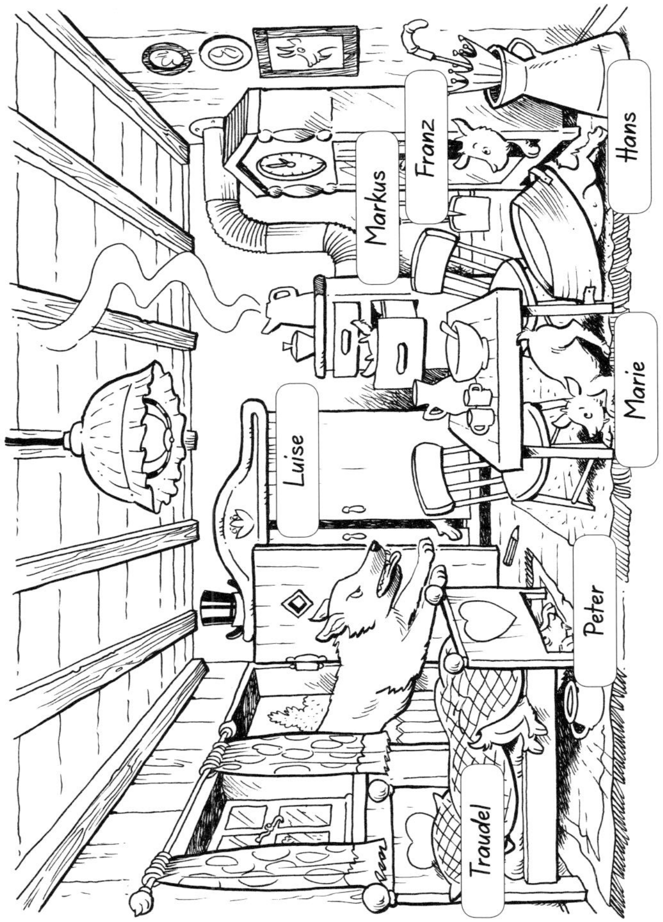

König Drosselbart (4/4)

Hier siehst du den Weg, den die Prinzessin gehen muss, bis sie glücklich werden kann. Klebe die Satzstreifen der Reihe nach an die passende Stelle neben den Weg.

Ein König hatte einst eine hochnäsige Tochter, der kein Mann gut genug war. Einen verspottete sie sogar mit dem Namen „König Drosselbart“. Schließlich war sie gezwungen, einen einfachen Spielmann zum Bräutigam zu nehmen und das Schloss zu verlassen.

Unterwegs wanderten sie durch schöne Wiesen und Wälder, die alle dem König Drosselbart gehörten. Sie jammerte: „Ach, ich arme Jungfer zart, hätt' ich genommen den König Drosselbart.“

In der Stadt lebten sie ärmlich und die Prinzessin sollte kochen, putzen und Töpfe auf dem Markt verkaufen.

Dann musste sie sogar als Küchenmagd im Schloss dienen. Sie nahm Essensreste in ihrem Mantel mit, damit ihr Mann und sie sich ernähren konnten.

Auf einem Fest im Schloss tanzte der Königssohn mit ihr und dabei fielen die Essensreste auf den Boden. Die Prinzessin war gedemütigt und der Königssohn gestand, der Spielmann gewesen zu sein, der ihr den Hochmut austrieb. Sie heirateten noch auf dem Fest.

Woran du Sagen erkennst (2/2)

Lies die folgenden Aussagen.
Entscheide dich, ob der Satz richtig oder falsch ist.
Die Buchstaben vor den richtigen Sätzen ergeben ein Lösungswort.

Schreibe die richtigen Sätze in dein Heft ab.

* **Erkundige dich in deiner Familie, in einer Bücherei oder im Internet nach Sagen aus deiner Gegend.**
Schreibe eine Sage auf und erzähle sie in deiner Klasse.

A Sagen wurden schon früh aufgeschrieben.
(H) Sagen haben meistens einen wahren Kern.
O Sagen gibt es nur in Deutschland.
(E) Das Unheimliche und Bedrohliche spielt oft eine zentrale Rolle.
(R) Heimatsagen erzählen oft vom Leben der Menschen.
B Sagen, in denen Götter vorkommen, nennt man Volkssage.
Ü Der größte Teil einer Sage entspricht der Wahrheit.
(K) Den Erfinder der Sage kennt man meistens nicht.
L Nichts an einer Sage entspricht der Wahrheit.
(U) Dinge, die Menschen nicht verstanden, versuchten sie oft, mit Sagen zu erklären.
M In jeder Sage kommen Zauberer vor.
(L) Der größte Teil einer Sage war frei erfunden.
(E) Sagen wurden mit fantastischen Ideen ausgeschmückt.
X Der Ort, an dem eine Sage spielt, war immer unbekannt.
(S) Sagen stammen aus vielen verschiedenen Ländern.

Lösungswort: H E R K U L E S

Der Rattenfänger von Hameln (2/2)

Schneide die Bilder aus und ordne sie in der richtigen Reihenfolge.

Klebe die Bilder in dein Heft.

Schreibe zu jedem Bild mindestens einen passenden Satz.

oder:

* Schreibe eine richtige Bildergeschichte.

Die Steine der Riesen (2/2)

Was ist an dieser Sage wohl wahr?

In der Lüneburger Heide gibt es tatsächlich riesige Steine, die dort kreuz und quer herumliegen.

Von welcher Gegend in Deutschland handelt die Sage?

Sie handelt von der Lüneburger Heide bei Uelzen.

Wem und warum genau halfen die Riesen?

Sie halfen den Pferden. Diese mussten so schwer ziehen, dass sie den Riesen leid taten und sie ihnen helfen wollten.

Warum warfen die Riesen mit den Steinen?

Sie wurden von einem Schwarm Bienen angegriffen. Um sich gegen die Bienen zu wehren, warfen die Riesen mit ihren Steinen wild um sich.

Warum konnten die Riesen die Straße nicht bauen?

Die Bienen jagten die Riesen ins Meer, wo sie ertranken.

* Einige Heimatsagen werden auch als Natursagen bezeichnet. Kannst du erklären, warum die Sage „Die Steine der Riesen" eine Natursage ist?

Die Sage gibt eine Erklärung dafür, woher die riesigen Steine in der Lüneburger Heide kommen.

Der Ulmer Spatz (1/2)

Lies das Gedicht von Carl Hertzog.

Anno dazumal vor vielen Jahren
Ist den Ulmern Folgendes widerfahren:
Zu allerlei Bauten in der Stadt
Man Rüst- und Bauholz nötig hat',
Doch wollt es den Leuten nicht gelingen
Die Balken durchs Tor hereinzubringen,
Und doch war reiflich die Sach' überlegt
Das Holz in die Quer' auf den Wagen gelegt;
Das Tor war zu eng, die Balken zu lang,
Dem Stadtbaumeister ward angst und bang.

> Vor vielen Jahren benötigten die Ulmer viel Bauholz für neue Gebäude. Doch die Balken waren zu groß. Sie lagen quer auf dem Wagen und passten so nicht durch das Stadttor.

Viel gab es hin und her zu sprechen:
Und ungeheures Kopfzerbrechen.

> Alle überlegten hin und her. Doch keiner fand eine Lösung.

Und stündlich wuchs die Verlegenheit,
Da – begab sich eine Begebenheit
Von den Klügsten einer ein Spätzlein schauet,
Das oben am Turm sein Nestlein bauet,
Und einen Halm, der sich in die Quer'
Gelegt hat vor sein Nestchen her,
Mit dem Schnäblein – und das war nicht dumm
An der Spitze wendet zum Nest herum,
„Das könnte man", ruft der Mann mit Lachen,
„Mit dem Balken am Tore ja auch so machen!"

> Sie wurden immer verzweifelter. Ein kluger Mann beobachtete einen Spatz beim Nestbau auf dem Ulmer Münster. Ein Halm lag quer vor dem Nest. Als der Spatz den Halm so nicht ins Nest bekam, drehte er ihn und schob ihn der Länge nach hinein. Der Mann rief: „Genauso machen wir das auch. Wir drehen das Holz und legen es längs auf den Wagen."

Man probiert's und es ging. – Den guten Gedanken
Hatten die Ulmer dem Spätzlein zu danken:
So ist der Spatz noch heute zu schauen
Hoch am Münster sein Bild in Stein gehauen.

> So machten die Männer es und es klappte. Aus Dankbarkeit bauten sie dem Spatz ein Denkmal auf dem Ulmer Münster. Dort ist es heute noch zu sehen.

(Gekürzte Fassung. Das Original stammt aus dem Jahre 1842.)

Die Jungfrau von der Lorelei (2/2)

Zu jedem Bild gibt es genau einen passenden Satz in der Sage „Die Jungfrau von der Lorelei". Finde ihn und schreibe ihn neben das Bild.

*** Recherchiere über ein Schiffsunglück am Lorelei-Felsen in den letzten Jahren. Was ist passiert? Schreibe in dein Heft und präsentiere dein Ergebnis der Klasse.**

Die Schiffe versanken mit Mann und Maus in den Fluten.

Da sah der junge Mann die Schöne, die am Rande des Felsen saß und ihre goldenen Haare kämmte.

Doch er rutschte aus und versank – wie schon viele Männer vor ihm – in den Fluten des Rheins.

Tatsächlich schaffte er es, den Felsen unversehrt zu erklimmen.

Sofort bäumten sich zwei mächtige weiße Wellen im Rhein auf und brachen über dem Felsen zusammen.

Der Ort – ein wahrer Kern

Die Punkte auf der Deutschlandkarte markieren die Orte, an denen einige Sagen spielen. Nimm einen Atlas und finde heraus, zu welchem Punkt welcher Ort gehört. Notiere den Ort und die dazugehörige Sage neben den Pfeilen.
Diese Orte musst du finden: Hameln, Uelzen, Ulm, Sankt Goarshausen.

Finde heraus, in welchen Bundesländern die Orte liegen.
Male die Bundesländer an und schreibe die Namen neben die Bundesländer.

Hameln
Niedersachsen
Der Rattenfänger von Hameln

Uelzen
Niedersachsen
Die Steine der Riesen

Ulm
Baden-Württemberg
Der Ulmer Spatz

Sankt Goarshausen
Rheinlaand-Pfalz
Lorelei

Theseus und der Minotaurus

Die Teile der griechischen Götter- und Heldensage „Theseus und der Minotaurus“ sind durcheinandergeraten. Schneide die Teile aus und puzzle sie in der richtigen Reihenfolge zusammen.
Klebe sie in dein Heft. Schreibe die Überschrift der Sage dazu.

Male ein Bild des Minotaurus dazu, wie du ihn dir vorstellst.

Theseus war der Sohn des athenischen Königs Aigeus im alten Griechenland. Jedes Jahr wurden dem menschenfressenden Ungeheuer Minotaurus auf der griechischen Insel Kreta sieben Jünglinge und sieben Jungfrauen geopfert.
Der Minotaurus war halb Mensch, halb Stier und bewohnte ein Labyrinth, bekannt unter dem Namen „Labyrinth des Minotaurus“. Der tapfere Theseus plante, den Minotaurus zu töten und den Opfergaben damit ein Ende zu bereiten. Er bot sich freiwillig als Opfer an, um sich bei dem Minotaurus einzuschleichen und ihn zu überlisten.

So brach Theseus mit den Jünglingen und Jungfrauen nach Kreta auf. Kaum waren sie auf der Insel angelangt, da zog Theseus mit seinem Heldenmut die Blicke der schönen Ariadne auf sich. Heimlich traf sie sich mit ihm und gab ihm noch manchen Rat. Auch reichte sie ihm ein Knäuel aus Faden und ein eisernes Schwert, damit er den Minotaurus siegreich bezwingen konnte.

Nun ging Theseus mit seinen Gefährten in das Labyrinth. Ariadne hatte ihm geraten, den Anfang des Fadenknäuels nahe beim Eingang zu befestigen.
Bei jedem Schritt wickelte Theseus ein Stück von dem Faden ab und hinterließ so eine Spur auf seinen verschlungenen Wegen.

Lange irrten sie durch das Labyrinth, als sie plötzlich ein gefährliches Schnauben hörten. Theseus hielt die anderen zurück, er wollte das Ungeheuer allein erlegen. Vorsichtig schaute er um die nächste Ecke und da stand er nun, der furchterregende Minotaurus. Sofort ging der Minotaurus zum Angriff über, doch Theseus wich ihm geschickt aus. Schnell ließ Theseus sein Schwert mit aller Macht niederfahren und tötete den Minotaurus. Der Kampf war vorüber und erleichtert nahm Theseus seinen Faden wieder in die Hand und führte alle in die Freiheit.

Baldurs Tod (3/3)

Löse das Kreuzworträtsel.

1. Wer dachte sich eine List aus, um Baldur zu töten?
2. Wie heißt der Göttervater?
3. Welche Göttin besitzt die Fähigkeit, in die Zukunft zu sehen?
4. In welches Tier verwandelt sich Loki?
5. Womit wird er gefangen?
6. Wodurch erfährt die Mutter vom bevorstehenden Tod ihres Sohnes?
7. Welche Pflanze macht Baldur verletzlich?
8. Baldur war Gott über das Licht und den ....
9. Loki versteckte sich unter einem ....
10. Was mussten alle Geschöpfe des Himmels und der Erde leisten, um Baldur zu schützen?

Kreuzworträtsel (Lösungen):

1. LOKI
2. ODIN
3. WALA
4. LACHS
5. FISCHERNETZ
6. TRAUM
7. MISTELSTRAUCH
8. FRÜHLING
9. WASSERFALL
10. SCHWUR

Woran du Fabeln erkennst (2/2)

Bearbeite den Lückentext. Schaffst du es, ohne abzuschauen?

Die Fabel ist eine *kurze* *Erzählung*, die meistens von *zwei* *Tieren* handelt. Manchmal sind es aber auch Pflanzen oder Gegenstände. Die Fabelwesen haben *menschliche* *Eigenschaften*.

Sie benehmen sich wie Menschen, können reden, denken und fühlen. Menschliche *Schwächen* stehen bei Fabeln im Mittelpunkt, zum Beispiel Lügen, Angeberei, Faulheit, Überheblichkeit und viele andere. Durch diese menschlichen Schwächen entstehen *Konflikte* (Probleme), die dem Leser meist durch ein Gespräch aufgezeigt werden.

In Fabeln gibt es meistens *Spieler* *und* *Gegenspieler*, das heißt, das eine Fabelwesen ist das genaue Gegenteil des anderen Fabelwesens. Beispiele: dumm – klug, faul – fleißig oder langsam – schnell. Das Fabelwesen mit der schlechten Eigenschaft erscheint anfangs meist als Gewinner.

Oft verändert sich plötzlich die Situation oder Lage entscheidend. Dies nennt man *Wendepunkt*. Der vermeintliche Gewinner wird überraschend zum Verlierer und der Verlierer zum Gewinner. *Das* *Gute* *gewinnt* meistens.

Die Fabel hat zum *Ziel*, *Menschen* *zu* *belehren*. Sie sollen sich selbst in den Fabelwesen sehen und eigene Fehler erkennen, um daraus zu lernen. Das nennt man Moral.

Nicht immer ist es für den Leser sofort erkennbar, welche *Lehre* *(Moral)* er aus der Fabel ziehen soll. Erst durch *Nachdenken* wird die Moral deutlich.

Der Rabe und der Fuchs

Lies den Infotext aufmerksam durch.

Schaue dir die Fabel „Der Rabe und der Fuchs“ gut an.
Erkennst du die Teile?
Umkreise in der Fabel die Überschrift rot, die Einleitung grün, den Hauptteil blau und den Schluss gelb.
Lies dir auch den Steckbrief der Fabel gut durch.
Hast du den Wendepunkt erkannt?

Eine Fabel ist wie jede andere Erzählung eingeteilt in Überschrift, Einleitung, Hauptteil und Schluss.

In der **Überschrift** werden oft die Fabelwesen genannt, die in der Geschichte vorkommen. Die **Einleitung** stellt die Fabelwesen vor. Im **Hauptteil** entsteht der Konflikt zwischen den Fabelwesen und es kommt zum Wendepunkt. Der Wendepunkt leitet zum **Schluss** über und der Leser zieht eine Lehre für sein Verhalten.

Der Rabe und der Fuchs

Ein Rabe hat ein Stück Käse gefunden und sich auf einen Ast zurückgezogen, um es zu verzehren, als ein Fuchs vorbeikommt.

Der Fuchs, der den Käse gern selber hätte, schmeichelt dem Raben: „Ihr seid wunderschön. Ist eure Stimme auch so schön, so sollte man euch zum König krönen über alle Vögel der Welt. Singt doch einmal für mich!“

Durch die Schmeichelei des Fuchses unvorsichtig geworden, beginnt der Rabe, zu singen. Als er den Schnabel öffnet, fällt der Käse heraus.

Sofort fängt der Fuchs das Stück und frisst es auf.

(nach Martin Luther)

Steckbrief der Fabel

Überschrift

Einleitung
Tiere: Rabe und Fuchs

Hauptteil
Spieler: Fuchs (schlau)
Gegenspieler: Rabe (eitel)

Wendepunkt: Der Rabe verliert den Käse. Der Fuchs hat den Käse und ist damit der Gewinner.

Schluss
Lehre: Lass dich von Schmeicheleien nicht täuschen.

© Verlag an der Ruhr | Autorinnen: Saskia Kistner, Ann Cathrin Mihsler | Abb. Kopfzeile © Norbert Höveler
Abb. Fußzeile, Aufgaben-Icons, Rabe, Papier © Verlag an der Ruhr | ISBN 978-3-8346-2730-8 | www.verlagruhr.de

Der Adler und der Sperling

Umkreise in der Fabel „Der Adler und der Sperling“ die Überschrift rot, die Einleitung grün, den Hauptteil blau und den Schluss gelb.
Schneide die einzelnen Teile des Steckbriefs unten auf dem Blatt aus und klebe sie an die richtige Stelle.

*** Erkläre das Sprichwort „Hochmut kommt vor dem Fall“ in deinem Heft.**

Der Adler und der Sperling

Einmal rief der Adler alle Vögel zusammen.

Er prahlte: „Wer kann sich mit mir messen? Wer kann höher fliegen als ich?“ Dem Sperling wurde die Prahlerei zu bunt und er rief: „Ich kann! Adler, ich kann höher fliegen als du!“
Alle Vögel lachten und der Adler wunderte sich: „Du kleiner Sperling willst mich herausfordern?“ „Ja, ich!“, antwortete der Sperling. Der Sperling hüpfte unbemerkt auf den Rücken des Adlers und der Adler flog weit, weit nach oben.
Nach einer Weile fragte der Adler: „Sperling, wo bist du?“ „Über dir!“, rief der und hüpfte vom Rücken herunter. Der Adler staunte, wurde wütend und breitete seine Schwingen aus, um noch höher zu steigen, ihm ging aber die Kraft aus und er stürzte wie ein Stein in die Tiefe.

Der Sperling, der noch alle Kraft hatte, flog nun ausgelassen herunter und jubilierte vor Freude.

(aus Indonesien)

Steckbrief der Fabel

Überschrift

Einleitung Tiere: Adler und Vögel

Hauptteil

Spieler: Sperling (schlau)

Gegenspieler: Adler (prahlerisch/angeberisch)

Wendepunkt: Der Sperling hüpfte vom Rücken des Adlers, hatte noch viel Kraft und konnte höher steigen als der große Vogel. Der kleine Sperling gewann.

Schluss Lehre: Hochmut kommt vor dem Fall.

Hochmut kommt vor dem Fall:
Wer zu überheblich ist, kann leicht scheitern.

© Verlag an der Ruhr | Autorinnen: Saskia Kistner, Ann Cathrin Mihsler | Abb. Kopfzeile © Norbert Höveler
Abb. Fußzeile, Aufgaben-Icons, Papier © Verlag an der Ruhr | ISBN 978-3-8346-2730-8 | www.verlagruhr.de

© Verlag an der Ruhr | Autorinnen: Saskia Kistner, Ann Cathrin Mihsler | Abb. Kopfzeile © Anja Boretzki
Abb. Fußzeile © Verlag an der Ruhr | ISBN 978-3-8346-2730-8 | www.verlagruhr.de

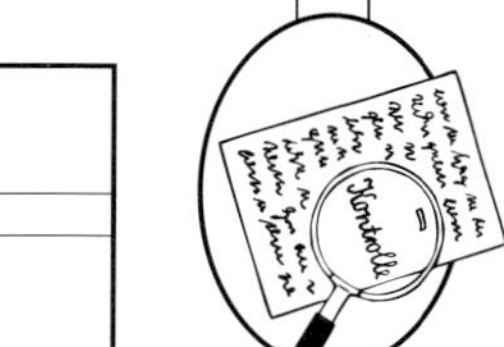

Der Fuchs und der Ziegenbock

Die Teile der Fabel „Der Fuchs und der Ziegenbock“ sind durcheinandergeraten. Male die Überschrift rot, die Einleitung grün, den Hauptteil blau und den Schluss gelb an.

Schneide die Fabelteile aus und puzzle sie in der richtigen Reihenfolge zusammen. Klebe sie in dein Heft.

Der Fuchs und der Ziegenbock (nach Äsop)

Ein durstiger Fuchs fiel in einen tiefen Brunnen und wusste nun nicht, wie er da wieder herauskommen sollte. Da kam ein Ziegenbock des Weges, er entdeckte den Fuchs im Brunnen und fragte: „Schmeckt das Wasser gut?“

„Oh, das Wasser ist köstlich und erfrischend. Komm nur hinunter und stille deinen Durst.“ Das tat der Bock sofort. Nachdem er getrunken hatte, überlegte er: „Aber wie kommen wir nun wieder heraus? Es ist ganz schön tief.“ Der Fuchs entgegnete: „Mach dir keine Sorgen, ich habe eine gute Idee! Stell dich auf deine Hinterbeine, stemme die Vorderbeine fest gegen die Wand und lass mich über deinen Rücken auf den Rand des Brunnens klettern. Wenn ich oben bin, helfe ich dir heraus.“ Genauso machten sie es. Als der Fuchs herausgeklettert war, wartete der Bock auf seine Hilfe.

Der Fuchs aber lachte ihn aus und sagte: „Hättest du mal besser nachgedacht, wie du aus dem Brunnen herauskommst, bevor du hinuntergestiegen bist.“

FABELN LÖSUNGEN

Der Fuchs und der Ziegenbock

Erstelle den Steckbrief für die Fabel in deinem Heft. (Wenn du nicht mehr weißt, wie das geht, dann schaue auf dem Arbeitsblatt „Der Rabe und der Fuchs“ nach.)

Steckbrief der Fabel

Überschrift

Einleitung
Tiere: Fuchs und Ziegenbock

Hauptteil
Spieler: Fuchs
Gegenspieler: Ziegenbock

Wendepunkt: Der Fuchs klettert über den Rücken des Ziegenbocks nach oben. Jetzt braucht der Ziegenbock Hilfe.

Schluss
Lehre: Erst denken, dann handeln.

Der Löwe und die Maus (1/2)

In der Fabel sind die Adjektive, die den Löwen und die Maus beschreiben, eingerahmt.
Male die Adjektive, die zum Löwen gehören, grün an und die Adjektive, die zur Maus gehören, orange an.

Trage die Adjektive jeweils beim richtigen Tier in der Tabelle ein.

Als der [große] Löwe schlief, lief ihm eine [kleine] Maus über den Körper. Aufwachend packte er die [hilflose] Maus und wollte sie fressen. Da bat die Maus ihn: „Bitte, [mächtiger] Löwe, lass mich frei! Ich werde dir eines Tages meine Dankbarkeit beweisen und dir helfen.“ Der [starke] Löwe lachte und ließ die [schwache] Maus laufen. Eines Tages wurde der Löwe von Menschen gefangen und mit einem Strick an einen Baum gefesselt. Auf einmal fühlte sich der Löwe ganz [klein] und [schwach]. Er jammerte [hilflos]. Dies hörte die Maus. Sie lief zu ihm, sah den Löwen und fühlte sich auf einmal [groß] und sagte: „Jetzt bin ich [stark] genug, dir zu helfen.“ Sie zernagte den Strick und befreite den Löwen. ‚Damals hast du mich ausgelacht und mir nicht geglaubt. Nun siehst du, wie [mächtig] auch die Kleinen manchmal sein können.“

(nach Äsop)

Maus	Löwe
klein	groß
hilflos	mächtig
schwach	stark
groß	klein
stark	schwach
mächtig	hilflos

Der Löwe und die Maus (2/2)

Was fällt dir bei den Adjektiven in der Tabelle auf? Schreibe auf.

Das ist mir aufgefallen: *Die Adjektive bei beiden Tieren sind dieselben.*
Jeder ist einmal stark und einmal schwach.

Den **Wendepunkt** erkennst du daran, dass die Geschichte auf einmal genau in die andere Richtung geht.
So werden zum Beispiel aus starken Tieren schwache Tiere und andersherum.

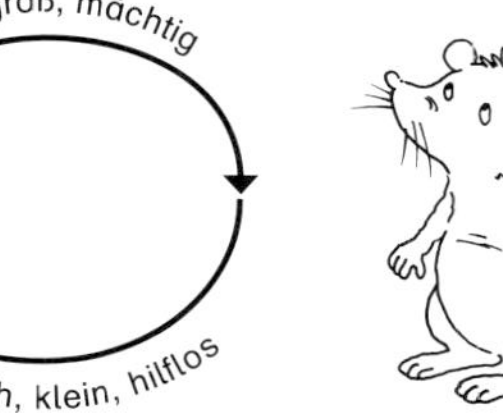

Wo ist in der Geschichte der Wendepunkt? Trage den Satz ein, mit dem sich die Situation umkehrt. Hier ist der Wendepunkt.

Tipp: Die Adjektive zeigen deutlich, ab wann der Löwe auf einmal nicht mehr der Starke, sondern der Schwache ist.

Eines Tages wurde der Löwe von Menschen gefangen
und mit einem Strick an einen Baum gefesselt.

Warum wird aus der kleinen Maus auf einmal das starke und mächtige Tier, während der Löwe klein und hilflos geworden ist?

Aus der Maus wird das mächtige Tier,
weil sie den Löwen durch ihre Tat aus der Falle befreien kann.
Der Löwe allein kann sich nicht retten.

Warum gibt es eigentlich Fabeln?

Lies den Text und löse das Rätsel.

**Suche dir einen der drei Dichter aus und recherchiere im Internet wichtige Daten zu seinem Leben.
Schreibe sie auf und präsentiere dein Wissen deinen Mitschülern.**

Fabeln gibt es schon seit mehr als 2 500 Jahren. Der Grieche **Äsop** war der Erste, der Fabeln gesammelt hat. Er soll ein Sklave gewesen sein. Zunächst wurden die Fabeln nur mündlich weitererzählt, erst viel später wurden sie tatsächlich aufgeschrieben und gesammelt. Es gibt aber nicht nur Fabeln aus Griechenland, sondern aus vielen Ländern der Erde. Neben Äsop gibt es zwei weitere bekannte Fabeldichter: **Jean de la Fontaine** aus Frankreich und **Gotthold Ephraim Lessing** aus Deutschland. Fabeln wurden früher oft erfunden, um gegen die Unterschiede zwischen armen und reichen Menschen zu protestieren. Offen durften die Menschen früher ihre Meinung nicht äußern, sie wären bestraft worden. Wer das Geld hatte, hatte die Macht. Das Ziel der Fabel war, die Menschen zum Nachdenken über unfaires oder dummes Verhalten zu bringen. Die Menschen sollten die Moral der Fabel verstehen und ihre Lehre daraus ziehen.

1. Was sollen die Menschen in der Fabel verstehen?
2. Wer war der erste Dichter, der Fabeln gesammelt hat?
3. Das Ziel der Fabel war, die Menschen zum .... zu bringen.
4. Welcher berühmte Fabeldichter stammte aus Deutschland?
5. Wie viele Jahre gibt es Fabeln schon mindestens?
6. Mit Fabeln wurde gegen die .... zwischen armen und reichen Menschen protestiert.
7. Bevor Fabeln aufgeschrieben wurden, wurden sie .... weitererzählt.

Lösung des Rätsels:

1. MORAL
2. ÄSOP
3. NACHDENKEN
4. LESSING
5. 2500
6. UNTERSCHIEDE
7. MÜNDLICH

Und die Moral von der Geschicht' …

Die Fabel hat zum Ziel, Menschen zu belehren. Sie sollen sich selbst in den Fabelwesen wiedersehen und eigene Fehler erkennen, um daraus zu lernen. Das nennt man Moral. Nicht immer ist es für den Leser sofort erkennbar, welche Lehre (Moral) er aus der Fabel ziehen soll. Erst durch Nachdenken wird die Moral deutlich. Viele der Lehren sind heute als Sprichwörter bekannt. Vielleicht kennst du auch schon einige.

**Unten stehen einige Lehren, die als Sprichwörter bekannt sind.
Male die drei Teile, die zusammengehören, in der gleichen Farbe an.**

**Zu welchen der Lehren findest du passende Fabeln?
Schreibe so in dein Heft:
Hochmut kommt vor dem Fall: Der Löwe und die Maus**

Sprichwort Teil 1	Sprichwort Teil 2	Lehre, die man ziehen soll
Wenn zwei sich streiten,	freut sich der Dritte.	Wenn ihr streitet, schadet ihr euch oft selbst.
die Flinte nicht	ins Korn werfen	Gib nicht zu schnell auf.
erst denken,	dann handeln	Handle niemals unüberlegt.
Hochmut kommt	vor dem Fall.	Sei nicht so eingebildet! Du weißt nie, was noch kommt.
Was du nicht willst, das man dir tut,	das füg auch keinem andren zu.	Behandle deine Mitmenschen so, wie du behandelt werden willst.
Wer anderen eine Grube gräbt,	fällt selbst hinein.	Behandle andere nicht schlecht, sonst kommt das wieder auf dich zurück.
vor Neid	platzen	Sei nicht so neidisch, du schadest dir damit nur selbst.

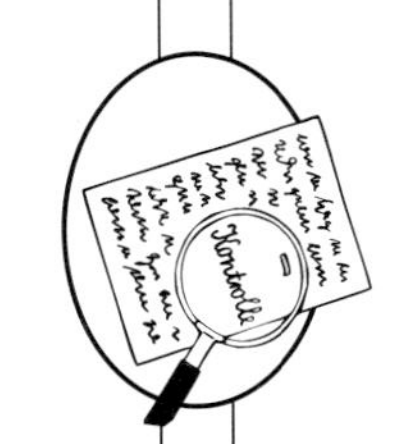

Der Löwe und der Bär

- **Lies die Fabel „Der Löwe und der Bär".**
- **Welches Sprichwort steckt in der Fabel? Welche Lehre soll man daraus ziehen? Schreibe auf.**
- * **Findest du den Wendepunkt in der Fabel? Unterstreiche den Satz, mit dem sich die Geschichte wendet.**
- * **Finde eine Situation aus deinem Leben, auf die diese Lehre auch passt. Schreibe sie auf.**

Es war einmal ein kleiner Fuchs, der hungrig durch den Wald streifte. Und wie er so nach einer Beute Ausschau hielt, hörte er plötzlich einen lauten Streit. Er schlich sich an und sah einen riesigen Bären, der nach einem starken Löwen schlug und wütend fauchte: „Ich war der Erste hier. Das Hirschkalb gehört mir." „Nein", brüllte der Löwe, „du lügst! Ich habe die Beute gefangen und deshalb gehört sie mir." Zornig schnappte er nach dem Bären. Während der Löwe und der Bär miteinander stritten und kämpften, bekam der Fuchs immer mehr Hunger und Appetit auf das Fleisch. Aber er war klug und dachte: „Wenn der Löwe und der Bär noch länger streiten, dann sind sie bald erschöpft und können mir nichts mehr anhaben." Also wartete er geduldig, bis der Bär und der Löwe nach langem Kampf kraftlos zusammenbrachen und sich nicht mehr bewegten. Nun kam der Fuchs aus seinem Versteck und holte sich die Beute. Höflich sagte er zu den müden Streithähnen: „Danke, meine Herren, sehr freundlich, wirklich sehr freundlich!" Und lachend zog er mit der Beute ab.

(nach Äsop)

Sprichwort:

Wenn zwei sich streiten, freut sich der Dritte.

Lehre:

Wenn man sich streitet, entstehen dadurch oft neue Probleme und man schadet sich selbst.

Fabelhafte Eigenschaften

Die Tiere in den Fabeln besitzen bestimmte **Eigenschaften**, die normalerweise nur Menschen haben. Die Tiere benehmen sich nicht wie Tiere, sondern sind ängstlich, mutig, eingebildet, hilflos, mächtig, schlau oder vorlaut. Die Eigenschaften der Tiere sind in fast allen Fabeln gleich.

- **Ordne die Eigenschaften den Tieren zu. Einige Eigenschaften passen zu mehreren Tieren. Schreibe die Zahlen auf die Linien.**
- **Überlege dir ein eigenes Tier, male es in das Feld und schreibe mindestens zwei passende Eigenschaften dazu. Es darf auch ein Tier sein, das du aus keiner Fabel kennst, zum Beispiel Giraffe, Pinguin, Hai oder Kamel.**
- * **Erfinde eine Fabel passend zu deinem Tier. Schreibe sie in dein Heft. Denke an den Aufbau und die Moral.**

2, 7, 9, 11

2, 6, 7, 9, 11, 12

1, 4, 7, 8, 9, 12

3, 5, 10

6, 12

1 stark	**4** mächtig	**7** prahlerisch	**10** schwach
2 listig	**5** hilflos	**8** groß	**11** schadenfroh
3 klein	**6** dumm	**9** eingebildet	**12** unbedacht

FABELN LÖSUNGEN

Fuchs, Storch, Grille und Ameise

- Hier sind zwei Fabeln durcheinandergeraten. Lies dir den ganzen Text genau durch.
- Unterstreiche die Textstücke der Fabel „Der Fuchs und der Storch" rot und die Textstücke der Fabel „Die Grille und die Ameise" grün. Falls du die zwei Fabeln nicht unterscheiden kannst, hat der Drache unten einen Tipp für dich.
- Entscheide dich für eine Fabel und schreibe sie in dein Heft ab. Vergiss die Überschrift nicht.

Der Fuchs und der Storch (nach La Fontaine)

Die Grille und die Ameise (nach La Fontaine)

Eines Tages hatte der Fuchs den Storch zum Mittagessen eingeladen. Der listige Fuchs wollte den Storch aber nur ärgern. Es gab eine Suppe auf einem flachen Teller.
In einem kalten Winter kam eine Grille zu ihrer Nachbarin, der Ameise. Sie bat: „Gib mir doch bitte von dem Vorrat, den du gesammelt hast. Ich bin hungrig und habe nichts zu essen."
Von diesem aber konnte der Storch mit seinem langen Schnabel nichts aufnehmen. Der Fuchs aß alles alleine.
„Warum hast du denn keine Vorräte für den Winter gesammelt?", wunderte sich die Ameise.
„Dazu hatte ich keine Zeit", brummte die Grille.
Der Storch sann auf Rache. Nach einiger Zeit lud er den Fuchs zum Essen ein. Ihm stieg der Duft eines Bratens in die Nase.
„Keine Zeit?", rief die Ameise. „Was hast du denn im Sommer getan?" Die Grille zirpte: „Ich habe fleißig musiziert."
Der Storch hatte das Fleisch aber in kleine Stücke geschnitten und brachte es auf den Tisch in einem Gefäß mit langem Halse und enger Öffnung. Er selbst konnte mit seinem Schnabel leicht hineinlangen. Aber die Schnauze des Fuchses passte nicht hinein.
Da sagte die Ameise: „Nun, wer nicht arbeitet, soll auch nicht essen."
„Wie du siehst, habe ich von dir gelernt", sagte der Storch und aß alles alleine auf.

Die Tiere verraten dir, welches Textstück zu welcher Fabel gehört. Liest du etwas von Storch und Fuchs, gehört es zur Fabel „Der Fuchs und der Storch". Liest du etwas von der Ameise und der Grille, so gehört es zur Fabel „Die Grille und die Ameise".

64 Märchen, Sagen und Fabeln

Medientipps

Blaha, Nathalie:
Märchen 2–4 (mit CD-ROM).
Cornelsen Verlag Scriptor, 2014.
ISBN 978-3-589-16262-8

Blottendorf, Karl-Christian:
FABEL-hafte Deutschübungen, neue Rechtschreibung.
Persen Verlag in der AAP Lehrerfachverlage GmbH, 2001.
ISBN 978-3-8344-2379-5

Hautzel, Annette/Raether, Annette:
Spannende Lesetexte – Klasse 3.
Verlag an der Ruhr, 2014.
ISBN 978-3-8346-2592-2

Kurt, Aline:
Spannende Lesetexte – Klasse 2.
Verlag an der Ruhr, 2014.
ISBN 978-3-8346-2591-5

Lurz, Dominique/Scherrer, Barbara:
Differenzierte Lesekonferenzen, Klasse 1/2.
Verlag an der Ruhr, 2014.
ISBN 978-3-8346-2488-8

Proßowsky, Petra/DeFlyer:
Yoga mit Rotkäppchen & Co. (mit Audio-CD).
Auer Verlag in der AAP Lehrerfachverlage GmbH, 2008.
ISBN 978-3-403-04915-9

Stöcklin-Meier, Susanne:
Von der Weisheit der Märchen.
Kösel, 2008.
ISBN 978-3-466-30802-6

Vogt, Susanne:
Leseverstehen üben mit Märchen-Klassikern.
Brigg Pädagogik, 2012.
ISBN 978-3-87101-799-5